本書係「敦煌文獻系統性保護整理出版工程」項目成果

二〇二一—二〇三五年國家古籍工作規劃重點出版項目

「十四五」國家重點出版物出版規劃項目

國家古籍整理出版專項經費資助項目

中國國家圖書館藏敦煌文獻

中國國家圖書館 編

第二一册

BD00278～BD00290

國家圖書館出版社

DUNHUANG MANUSCRIPTS IN THE NATIONAL LIBRARY OF CHINA

021

BD00278 ~ BD00290

compiled by the

National Library of China

National Library of China Publishing House

凡例

一　本書刊布中國國家圖書館藏敦煌文獻，以館藏編號爲序編排。

二　館藏編號采用「BD+流水號」格式，如BD00001, BD16579等。背面在編號後加v表示。一個編號包含多件文獻者，編號後分別綴以字母A, B, C等。一件文獻含有多個内容者，以數字-1, -2, -3等標明順序。

三　圖版有縮印或放大處另加説明，尺寸超出本書幅面的以摺葉形式呈現。

四　卷軸裝、梵夾裝、經摺裝等裝幀形制的敦煌文獻，各附外觀圖像。

五　每件文獻依次呈現外觀、正面、背面等。背面僅刊布有文字、圖像或其他要素的圖版，而略去素紙部分，背面圖版同樣以從右到左順序編排。凡有外題者，遵從以上原則。

六　除個别特殊情況外，爲保證閲讀連貫、流暢，圖版儘量通欄呈現。

七　各葉上方附該件文獻全圖，以高亮形式顯示本葉大圖在全卷中的位置。部分長卷文獻全圖衹能分多段呈現時，在上段末以‹符標示下段接續。卷尾内容不足一葉時，文獻全圖使用該圖卷尾部分，亦以‹符標示。背面圖版文字與正面文字方向相反時，文獻全圖按原貌顯示，正文翻轉呈現，以便閲讀研究，用↻符標示。

八　文獻題名大體沿用中國國家圖書館此前所編多部敦煌文獻目録的考證，部分吸收學界最新研究成果略作調整和完善。文獻題名綜合參考原卷首題、尾題、外題確定，如原卷題名與該文獻正式名稱不同，則采用正式名稱；無題名者，或比定題名，或擬定新名。非漢文文獻在題名前標注語種。有分卷不同等其他情況者，括注於文獻名稱後。

九　本書著録使用通行繁體字，涉及原文中的人名、地名等，必要時保留原字形。

About this publication

1. The documents are presented in shelfmark order.
2. The shelfmarks are in the form BD plus a running number, eg. BD00001, BD16579, &c. If a given shelfmark contains multiple documents, these are distinguished by the letters A, B, C, &c. If a document has multiple contents, they are distinguished by the numbering 1, 2, 3, &c. The verso side of an item is indicated by the letter v.
3. If it has been necessary to reduce or enlarge the size of an illustration, the dimensions are indicated. If the size of an illustration exceeds the size of the book, a folding sheet is used.
4. If the document is a scroll, a folded sutra, or has a stitched binding, a picture of the whole object is provided to show its external appearance.
5. The cover, front, and back of each document are reproduced in sequence. The back of a document is only reproduced if it contains text, illustrations, or other markings, and it is oriented from right to left. If it is blank it is not reproduced.
6. Except in a few special cases, the lines of text are reproduced unbroken to make them coherent and easier to read.
7. An illustration of the complete document is reproduced at the top of each page, and the section where the main illustration appears is highlighted in order to indicate its position. If it has only been possible to reproduce a long scroll in sections, the direction symbol has been used to indicate where one illustration ends and the next one begins. If the end of the scroll occupies less than one page, the direction symbol is used to indicate its position in the illustration of the complete document. If the text on the back of the document has a different orientation from the text on the front, it is reproduced as it is, but is also rotated (indicated with the rotation symbol) so that it can be read easily.
8. The titles of the documents generally conform with those already established by the Library, but in some cases have been amended by drawing on the most recent scholarly research. The titles are derived firstly from the beginning of the text, then from the end of the text, and lastly from the cover. If the title of a document differs from its authoritative form, the authoritative form is used; and if a document has no title, one is either supplied by comparison with similar documents, or a new one is devised. If the document is not in Chinese, its language is indicated before the title. If the number of juan is different from that of the authoritative version, or if there are other irregularities, this is noted.
9. The documents in the book are in traditional Chinese characters. Where the title contains personal or place names, the original characters used for these names are retained.

(Translated by David Helliwell)

第二一册目録

BD00278

梵網經盧舍那佛說菩薩心地戒品第十卷下

（後秦）鳩摩羅什 譯

648.4cm × 29.3cm

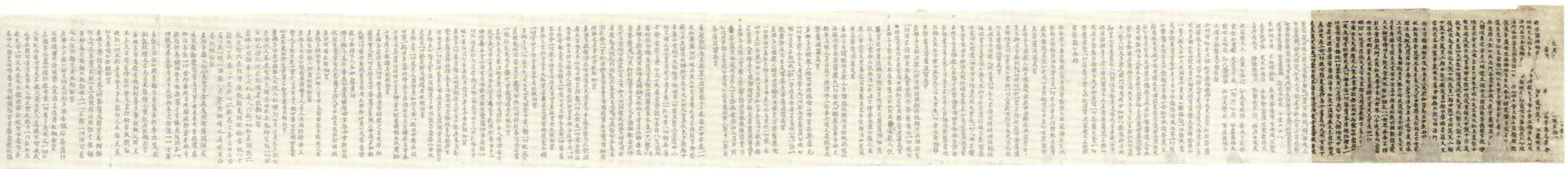

訖是過[illegible]說現在佛[illegible]言[illegible]

當說[illegible]去[illegible]心地号吾為盧舍

那汝諸佛轉我所[illegible]開大道時蓮[illegible]臺藏世界

赫赫天光師子坐[illegible]舍那佛放光光告千華上佛持我心地

法門品而去復轉為[illegible]釋迦及一切衆生次第說我上心地

法門品汝等受持讀誦一心[illegible]行尒時千華上佛千百億釋迦

從蓮華藏世界赫赫師子坐起各各辭退舉身放不可[illegible]

議光光皆化无量佛一時以无量青黃赤華供養盧[illegible]

佛受持上說心地法門品竟各各從此蓮華藏世界而[illegible]

入體性虛空華光三昧還本源世界閻浮提菩提樹下從體

性虛空華光三昧出出已方坐金剛千光王坐及妙光堂說十

世界海復從坐起至帝釋宮說十住復至燄天中說十行復

從坐起至第四天中說十迴向復從坐起至化樂天說十禪定

復從坐起至他化天說十地復至一禪中說十金剛復至二禪

餘千百億釋迦亦復如是无二无別如賢劫品中說尒時
從初現蓮華藏世界東方来入天宮中說魔受化經已下生南
閻浮提迦夷羅國母名摩耶父字白淨吾名悉達七歲出家
三十成道号吾為釋迦牟尼佛於寂滅道場坐金剛華光王坐
乃至摩醯首羅天王宮其中次第十住處所說時佛觀諸大梵
天王網羅幢因為說无量世界猶如網孔一一世界各各不同
別无量佛教門亦復如是吾今来此世界八千返為此娑婆
世界坐金剛華光王坐乃至摩醯首羅天王宮是中一切
略開心地竟復從天王宮下至閻浮提菩提樹下為此地
切衆生凡夫癡闇之人說本盧舍那佛心地中初發心中常所
一戒光明金剛寶戒是一切佛本源一切菩薩本源佛性種子一
切衆生皆有佛性一切意識色心是情是心皆入佛性戒中當
常有因故有當當常住法身如是十波羅提木叉出於世界
是法戒是三世一切衆生頂戴受持吾今當為此大衆重說十
无盡藏戒品是一切衆生戒本源自性清淨我今盧舍那方坐

BD00278　梵網經盧舍那佛説菩薩心地戒品第十卷下

是法戒是三世一切衆生頂戴受持吾今當爲此大衆重説十
无盡藏戒品是一切衆生戒本源自性清淨我今盧舍那方坐
蓮花臺周匝千花上復現千釋迦一葉百億國一國一釋迦各
坐菩提樹一時成佛道如是千百億盧舍那本身千百億釋
迦各接微塵衆俱來至我所聽我誦佛戒甘露門則開是時千百億
還至本道場　各坐菩提樹　誦我本師戒　十重四十八
戒如明日月　亦如瓔珞珠　微塵菩薩衆　由是成正覺
是盧舍那誦　我亦如是誦　汝新學菩薩　頂戴受持戒
受持是戒已　轉授諸衆生　諦聽我正誦　佛法中戒藏
波羅提木叉　大衆心諦信　汝是當成佛　我是已成佛
常作如是信　戒品已具足　一切有心者　皆應攝佛戒
衆生受佛戒　即入諸佛位　位同大覺已　真是諸佛子
大衆皆恭敬至心聽我誦
尒時釋迦牟尼佛初坐菩提樹下成无上覺初結菩薩
波羅提木叉孝順父母師僧三寶孝順至道之法孝名

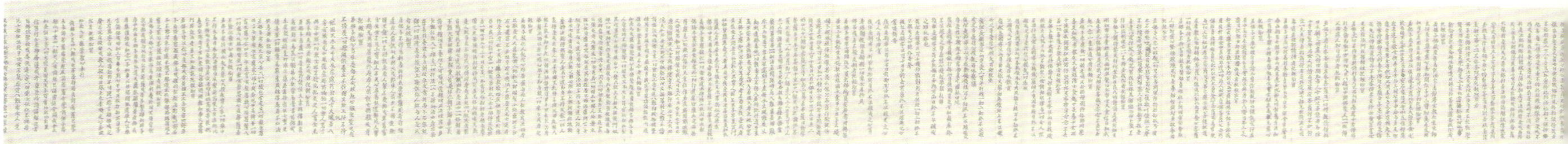

八梵六欲天子十六大國王合掌至心聽佛誦一切佛大乘
戒告諸菩薩言我今半月半月自誦諸佛法戒汝等一切發
心菩薩亦誦乃至十發趣十長養十金剛十地諸菩薩亦
誦是故戒光從口出有緣非无因故光非青黄赤白黑非色
非心非有非无非因果法諸佛之本源行菩薩道之根本
是大衆諸佛子之根本是故大衆諸佛子應受持應讀誦善
學佛子諦聽若受佛戒者國王王子百官宰相比丘比丘尼
十八梵六欲天子庶人黄門婬男婬女奴婢八部鬼神金剛
神畜生乃至變化人但解法師語盡受得戒皆名第一清淨
佛告諸佛子言有十重波羅提木叉若受菩薩戒不誦此
戒者非菩薩非佛種子我亦如是誦一切菩薩已學一切
菩薩當學一切菩薩今學已略説波羅波羅提木叉相貌
當學敬心奉持

當學敬心奉持
佛告佛子若自煞教人煞方便讚歎煞見作隨喜乃至呪
煞煞因煞緣煞法煞業乃至一切有命者不得故煞是菩薩
應起常住慈悲心孝順心方便救護而自恣心快意煞生
是菩薩波羅夷罪
若佛子自盜教人盜方便盜呪盜盜因盜緣盜法盜業乃
至鬼神有主劫賊物一切財物一針一草不得故盜而菩薩應
生佛性孝順心慈悲心常助一切人生福生樂而反更盜人財
物是菩薩波羅夷罪
若佛子自婬教人婬乃至一切女人不得故婬婬因婬緣婬
法婬業乃至畜生女諸天鬼神女乃非道行婬而菩薩應
生孝順心救度一切衆生淨法與人而反更起一切人婬不擇
畜生乃至母女姊妹六親行婬无慈悲心是菩薩波羅夷罪
若佛子自妄語教人妄語方便妄語妄語因妄語緣妄語法

正語正見亦生衆生正語正見而反更起一切衆生邪語邪
見邪業是菩薩波羅夷罪
若佛子自酤酒教人酤酒酤酒因酤酒緣酤酒法酤酒業
一切酒不得酤是酒起罪因緣而菩薩應生一切衆生
[redacted]明達之惠而反更生衆生顛倒之心是菩薩波羅夷罪
若佛子自說出家在家菩薩比丘比丘尼[redacted]罪過教人說
[redacted]罪過因罪過緣罪過法罪過業而菩薩聞外道
惡人及二乘惡人說佛法中非法非律常生悲心教化是
惡人輩令生大乘善信而菩薩反更自說佛法中罪過
者是菩薩波羅夷罪
若佛子自讚毀他亦教人自讚毀他毀他因毀他緣毀他
法毀他業而菩薩應代一切衆生加毀辱惡事自向已
好事與他人若自揚已德隱他人好事令他人受毀者是

好事為他人若自揚己德隱他人好事令他人受毀者是
菩薩波羅夷罪
若佛子自慳教人慳慳因慳緣慳法慳業而菩薩見
一切貧窮人來乞者隨前人所須一切給與而菩薩以惡心
瞋心乃至不施一錢一針一草有求法者不為說一句一偈一
微塵許法而反更罵辱是菩薩波羅夷罪
若佛子自瞋教人瞋瞋因瞋緣瞋法瞋業而菩薩應生
一切眾生中善根無諍之事常生悲心而反更於一切眾生
中乃至於非眾生中以惡口罵辱加以手打及以刀杖意猶
不息前人求悔善言懺謝猶瞋不解是菩薩波羅夷罪
若佛子自謗三寶教人謗三寶謗因謗緣謗法謗業而
菩薩見外道及以惡人一言謗佛音聲如三百矛刺
心況口自謗不生信心孝順心而反更助惡人邪見人謗是
菩薩波羅夷罪

犯如微塵許何况具足犯十戒若有犯者不得現身發菩
提心亦失國王位轉輪王位亦失比丘比丘尼位失十發趣十
長養十金剛十地佛性常住妙果一切皆失墮三惡道中二
劫不聞父母三寶名字以是不應一一犯汝等一切諸菩薩
今學當學已學如是十戒應當學敬心奉持八萬威品
當明佛告諸菩薩言已說十波羅提木叉竟四十八輕今當說
若佛子欲受國王位時受轉輪王位時百官受位時應先
受菩薩戒一切鬼神救護王身百官之身諸佛歡喜既得
戒已生孝順心恭敬心見上坐和上阿闍梨大同學同見同行
者應起承迎禮拜問訊而菩薩反生憍心癡慢心不起承
迎禮拜一一不如法供養以自賣身國城男女七寶百物而
供給之若不爾者犯輕垢罪
若佛子故飲酒而生酒過失無量若自身手過酒器與人飲酒
者五百世無手何況自飲不得教一切人飲及一切衆生飲酒

若佛子故飲酒而生酒過失无量若身手過酒器与人飲酒
者五百世无手何況自飲不得教一切人飲及一切衆生飲酒
況自飲酒若故自飲教人飲者犯輕垢罪若佛子故食肉一切
不得食斷大慈悲性種子一切衆生見而捨去是故一切菩薩
不得食一切衆生肉食肉得无量罪若故食者犯輕垢罪
若佛子不得食五辛大蒜革葱慈葱蘭葱興渠是五種
一切食中不得食若故食者犯輕垢罪
若佛子見一切衆生犯八戒五戒十戒毁禁七逆八難一切犯戒罪
應教懺悔而菩薩不教懺悔共住同僧利養而共布薩
一衆住說戒而不擧其罪教悔過者犯輕垢罪
若佛子見大乘法師大乘同學同見同行来入僧坊舍宅
城邑若百里千里来者即起迎来送去礼拜供養日日三
時供養日食三兩金百味飲食牀坐醫藥供事法師一
切所須盡給与之常請法師三時說法日日三時礼拜不生

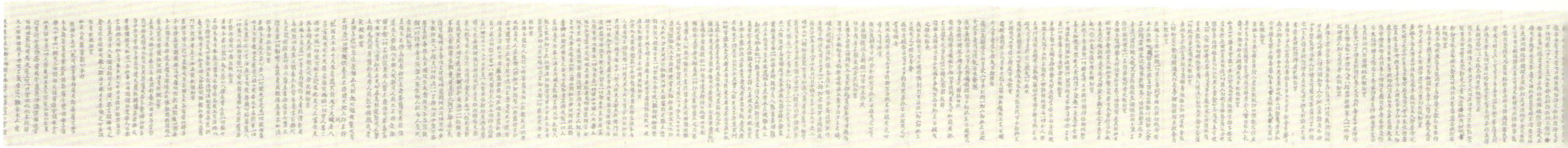

若佛子一切處有講法毗尼經律大宅舍中講法處是新
學菩薩應持經律卷至法師所聽受諮問若山林樹下
僧地房中一切說法處悉至聽受若不至彼聽受者犯輕垢罪
若佛子心背大乘常住經律言非佛說而受持二乘外
道惡見一切禁戒邪見經律者犯輕垢罪
若佛子見一切疾病人應供養如佛无異八福田中看病福
田第一福田若父母師僧弟子病諸根不具百種病苦皆養
令差而菩薩以瞋恨心不至僧房中城邑曠野山林道路
中見病不救濟者犯輕垢罪
若佛子不得畜一切刀杖弓箭矛斧鬪戰之具及惡網
羅煞生之器一切不得畜而菩薩乃至煞父母尚不加報
況煞一切衆生若故畜刀杖者犯輕垢如是十戒應當學
敬心奉持下六品中當廣明
佛言佛子不得為利養惡心故通國使命軍陣合會興師相
伐煞无量衆生而菩薩不得入軍中往来況故作國賊

BD00278　梵網經盧舍那佛說菩薩心地戒品第十卷下

佛言佛子以惡心故通國使命軍陣合會興師相
伐煞无量衆生而菩薩不得入軍中往来况故作國賊
若故作者犯輕垢罪
若佛子故販賣良人奴婢六畜市易棺材板木盛死之具
若故自作煞人作者犯輕垢罪
若佛子以惡心故無事謗他良人善人法師師僧國王
貴人言犯七逆十重於父母兄弟六親中應生孝順心慈悲
心而反更加於逆害墮不如意處者犯輕垢罪
若佛子以惡心故放大火燒山林曠野四月乃至九月放火
若燒他人家屋宅城邑僧房田木及鬼神官物一切有
主物不得故燒若故燒者犯輕垢罪
若佛子自佛弟子及外道人六親一切知善識應一一
教受持大乘經律應教解義理使發菩提心十
發趣心十長養心十金剛心一一解其次第法用而菩
薩以惡心瞋心橫教二乘聲聞經律外道邪見論

説犯輕垢罪

若佛子應以好心先學大乘威儀經律廣開解義

味見後新學菩薩有百里千里來求大乘經律應

如法為説一切苦行若燒身燒臂燒指若不燒身

臂指供養諸佛非出家菩薩乃至餓虎狼師子一

切餓鬼悉應捨身肉手足而供養之然後一一次第

為説正法使心開意解而菩薩為利養故應荅（荅不）

倒説經律文字无前无後謗三寶説者犯輕垢罪

若佛子自為飲食錢物利養名譽故親近國王

王子大臣百官恃作形勢乞索打拍牽挽橫取

錢物一切求利名為惡求多求教他人求都无慈

心无孝順心犯輕垢罪

若佛子學誦戒者日夜六時菩薩戒解其義理佛

性之性而菩薩不解一句一偈戒律因緣詐言能解

性之性而菩薩不解一句一偈戒律因緣詐言能解
者即為自欺誑亦欺誑他人一一不解一切法而為
他人作師授戒者犯輕垢罪
若佛子以惡心故見持戒比丘手捉香鑪行菩薩行
而鬪搆兩頭謗欺賢人无惡不造者犯輕垢罪
若佛子以慈心故行放生業一切男子是我父一切女
人是我母我生生无不從之受生故六道衆生皆是我
父母而殺而食者即殺我父母亦殺我故身一切地水是
我先身一切火風是我本體故常行放生生受生若
見世人殺畜生時應方便救護解其苦難常教化講
說菩薩戒救度衆生若父母兄弟死亡之日應請法師
講菩薩戒經福資亡者得見諸佛生人天上若不尒
者犯輕垢罪如是十戒應當學敬心奉持如滅罪品廣

佛言佛子以瞋報瞋以打報打若殺父母兄弟六親
不得加報若國主爲他人殺者亦不得加報殺生
報生不順孝道尚不畜奴婢打拍罵辱日日起三業
口罪无量況故作七逆之罪而菩薩无慈報酬乃至六
親中故報者犯輕垢罪
若佛子初始出家未有所解而自恃聰明有智或恃高
貴年宿或恃大姓高門大解大福饒財七寶以此驕慢而
不諮受先學法師經律其法師者或小姓年少卑門貧
窮諸根不具而實有德一切經律盡解而新學菩薩
不得觀法師種姓而不來諮受法師第一義諦者犯輕
垢罪若
佛子佛滅度後欲以好心受菩薩戒時於佛菩薩形
像前自誓受戒當七日佛前懺悔得見好相便得戒若
不好相應二七三七乃至一年要得好相得好相已便得

不好相應二七三七乃至一年要得好相得好相已便得[illegible]
佛菩薩形像前受戒若不得好相雖佛像前受戒不
得戒若現前先受菩薩戒法師前受戒時不須要見好
相是法師師師相授故不須好相是以法師前受戒即得
戒以生重心故便得戒若千里内无能授戒師得佛菩薩
形像前受得戒而要見好相若法師自倚解經律大乘
學戒與國王太子百官以為善友而新學菩薩来問
若經義律義輕心惡心慢新學菩薩来問若經義律
義輕心慢心二不好荅問者犯輕垢罪若
佛子有佛經律大乘法正見正性正法身而不能勤學
脩習而捨七寶反學邪見二乘外道俗典阿毗曇[illegible]
新論書記是斷佛性鄣道因緣非行菩薩道若故作者
犯輕垢罪
若佛子佛滅度後為[illegible]

主行来主應生慈心善和鬪訟善守三寶物莫无度用
如自已有而反乱衆鬪諍恣心用三寶物犯輕垢罪
若佛子先在僧房中住後見客菩薩比丘来入僧房舍宅
城邑國王宅舍中乃至夏坐●安居處及大會中先住僧應
迎来送去飲食供養房舍卧具繩牀事事給與若无物
應自賣身及男女身供給所須悉以與之若有檀越来
請衆僧客僧有利養分僧坊主應次第差客僧受請
而先住僧獨受請而不差客僧房主得無量罪畜生
无異非沙門非釋種姓犯輕垢罪
若佛子一切不得受別請利養入已而此利養屬十方僧而
別受請即取十方僧物入已八福田中諸佛聖人一一師僧
父母病人物自已用者犯輕垢罪
若佛子有出家菩薩在家菩薩及一切檀越請僧福
田求願之時應入僧坊問知事人今欲次第請者即得

若佛子有出家菩薩在家菩薩及一切檀越請僧福
田求願之時應入僧坊問知事人今欲次第請者即得
十方賢聖僧而世人別請五百羅漢菩薩僧不如僧
次一凡夫僧若別請僧者是外道法七佛无別請法不順
孝道若故別請僧者犯輕垢罪
若佛子以惡心故為利養販賣男女色自手作食自磨自
舂占相男女解夢吉凶是男是女呪術工巧調鷹方法和
合百種毒藥千種毒藥蛇毒生金銀蠱毒都无慈愍心
犯輕垢罪
若佛子以惡心故自身謗三寶詐現親附口便說空行在
有中為白衣通致男女交會婬色縛著於六齋日年三長
齋月作煞生劫盜破齋犯戒者犯輕垢罪
如是十戒應當學敬心奉持制戒品中廣解佛言佛子佛滅
度後於惡世中若見外道一切惡人劫賊賣佛菩薩父母形
像及賣經律販賣比丘比丘尼亦賣發心菩薩道人或為官使

處處教化取物贖佛菩薩形像及比丘比丘尼發心菩薩
一切經律若不贖者犯輕垢罪
若佛子不得畜刀杖弓箭販賣輕秤小斗因官形勢取
人財物害心繫縛破壞成功長養猫狸猪狗若故養者
犯輕垢罪
若佛子以惡心故觀一切男女等鬪軍陣兵將劫賊等鬪
亦不得聽吹貝鼓角琴瑟箏笛箜篌歌叫伎樂之聲
不得摴蒱圍碁波羅塞戲彈碁六博拍毬擲石投壺
牽道八道行城爪鏡芝草楊枝鉢盂髑髏而作卜筮不
得作盜賊使命一一不得若故作者犯輕垢罪
若佛子護持禁戒行住坐卧日夜六時讀誦是戒猶如金
剛如帶浮囊欲度大海如草繫比丘常生大乘信自知我
是未成之佛諸佛是已成之佛發菩提心念念不去心若

是未成之佛諸佛是已成之佛發菩提心念念不去心若
起一念二乘外道心者犯輕垢罪
若佛子常應發一切願孝順父母師僧願得好師同學
善友知識常教我大乘經律十發趣十長養十金剛
十地使我開解如法修行堅持佛戒寧捨身命念不去
若一切菩薩不發是願者犯輕垢罪
若佛子發十大願已持佛禁戒作是願言寧以此身投熾
然猛火大坑刀山終不毀犯三世諸佛經律與一切女人作
不淨行復作是願寧以熱鐵羅網千重周帀纏身終不以
破戒之身受於信心檀越一切衣服
復作是願寧以此口吞熱鐵丸及大流猛火經百千劫終不
以破戒之口食信心檀越百味飲食
復作是願寧以此身臥大猛火羅網熱鐵地上不以破
戒之身受信心檀越百種床座

復作是願寧以此身受三百鉾刺身經一劫二劫終不以破
戒之身受信心檀越百味醫藥
復作是願寧以此身投熱鐵鑊經百千劫終不以破戒之
身受信心檀越千種房舍屋宅園林田地
復作是願寧以鐵鎚打碎此身從頭至足令如微塵終
不以破戒之身受信心檀越恭敬禮拜
復作是願寧以百千熱鐵刀鉾挑其兩目終不以破戒
之眂他好色
復作是願寧以百千鐵錐劖刺耳根經一劫二劫終不
以破戒之心聽好音聲
復作是願寧以百千刃刀割去其鼻終不以破戒之心
貪嗅諸香
復作是願寧以百千刃刀割斷其舌終不以破戒之心
食人百味淨食
復作是願寧以利斧斬斫其身終不以破戒之心貪

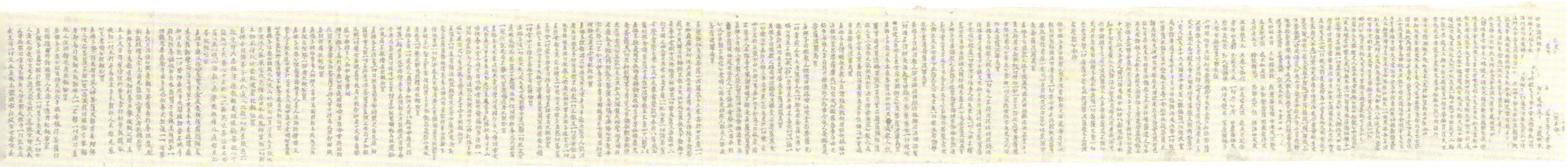

食人百味淨食
復作是願寧以利斧斬斫其身終不以破戒之心受
著好觸復作是願願一切衆生來得成
佛菩薩若不發是願者犯輕垢罪
若佛子常應二時頭陁冬夏坐禪結夏安居常用揚枝
澡豆三衣瓶鉢坐具錫杖香鑪漉水囊手巾刀子火燧
鑷子繩牀經律佛像菩薩形像而菩薩行頭陁時
及遊方時行來百里千里此十八種物常隨其身頭陁者
從正月十五日至三月十五日八月十五日至十月十五日是二
時中此十八種物常隨其身如鳥二翼若布薩日新學
菩薩半月半月布薩誦十重四十八輕戒時於諸佛菩
薩形像前一人布薩即一人誦若二人三人乃至百千人
亦一人誦誦者高坐聽者下坐各各披九條七條五條袈

[illegible]
劫賊道路毒蛇一切難處悉不得入若頭陀行道乃至
夏坐安居是諸難處皆不得入若故入者犯輕垢罪
若佛子應如法次第坐先受戒者在前坐後受戒者
在後坐不問老少比丘比丘尼貴人國王王子乃至黃門
奴婢皆應先受戒者在前坐後受戒者次第而坐莫如外
道癡人若老若少无前无後坐无次第兵奴之法我
佛法中先者先坐後者後坐而菩薩不次第坐者犯輕垢罪
若佛子常應教化一切衆生建立僧坊山林園田立作
佛塔冬夏安居坐禪處所一切行道處皆應立之而菩
薩應為一切衆生講說大乘經律若疾病國難賊難
父母兄弟和上阿闍梨亡滅之日及三七日乃至七七日亦
應讀誦講說大乘經律齋會求福行來治生大火所
燒大水所漂黑風所吹船舫江河大海羅剎之難亦讀
誦講說此經律乃至一切罪報三惡七逆八難杻械枷鏁繫

誦誦說此經律乃至一切罪報三惡七逆八難杻械枷鏁繫
縛其身多婬多瞋多愚癡多病疾皆應讀誦誦說此經
律而新學菩薩若不尒者犯輕垢罪
如是九戒應當學敬心奉持梵壇品當說佛言佛子與
人受戒時不得簡擇一切國王王子大臣百官比丘比丘
尼信男信女婬男婬女十八梵六欲天无根二根黃門奴
婢一切鬼神盡得受戒應教身所著袈裟皆使壞色與
道相應皆染使青黃赤黑紫色一切染衣乃至卧具盡
以壞色身所著衣一切染色若一切國土中國人所著衣
服比丘皆應與其俗服有異若欲受戒時師應問言汝
現身不作七逆罪耶菩薩法師不得與七逆人現身
受戒七逆者出佛身血煞父煞母煞和上煞阿闍梨破羯
磨轉法輪僧煞聖人若具七遮即身不得戒餘一切人
盡得受戒出家人法不向國王礼拜不向父母礼拜六

輕垢罪

若佛子教化人起信心時菩薩与他人作教戒法師者
見欲受戒人應教請二師和上阿闍梨二師應問言汝
有七遮罪不若現身有七遮師不應受戒无七遮者
得受若有犯十戒者應教懺悔在佛菩薩形像
前日夜六時誦十重卌八輕戒若到礼三世千佛得見好相
若一七日二七三七日乃至一年要見好相相者佛來摩
頂見光華種種異相便得滅罪若无好相雖懺无益
是人現身亦不得戒而得增受戒若犯卌八輕戒者對
首懺罪滅不同七遮而教誡師於是法中一一好解若
不解大乘經律若輕重是非之相不解第一義
諦習種性長養性不可壞性道種性正法性其中多
少觀行出入十禪支一切行法一一不得此法中意而菩

以觀行出入十禪支一切行法一一不得此法中意而菩
薩爲利養故爲名聞故惡求貪利弟子而詐現
解一切經律是自欺詐亦欺詐他人故與人受戒
者犯輕垢罪
若佛子不得爲利養故於未受菩薩戒者前外
道惡人前說此千佛大戒邪見人前亦不得說除
國王餘一切不得說是惡人輩不受佛戒名爲畜
生生生不見三寶如木石无心名爲外道邪見人輩
木頭无異而菩薩於是惡人前說七佛教戒者
犯輕垢罪
若佛子信心出家受佛正戒故起心毀犯聖戒者
不得受一切檀越供養亦不得國王地上行不得
賊
飲國王水五千大鬼常遮其前鬼言大賊若入
房舍城邑宅中鬼復常掃其腳跡一切世人

佛法中賊一切衆生眼不欲見犯戒之人畜生无
異木頭无異若毀正戒者犯輕垢罪
若佛子常應一心受持讀誦大乘經律剥皮
為紙刺血為墨以髓為水析骨為筆書寫佛戒
木皮穀紙絹素竹帛亦應悉書持常以七寶无
價香華一切雜寶為箱囊盛經律卷若不如法
供養者犯輕垢罪
若佛子常起大悲心若入一切城邑舍宅見一切衆生應
唱言汝等衆生盡應受三歸十戒若見牛馬猪羊一切
畜生應心念口言汝是畜生發菩提心而菩薩入
一切處山川林野皆使一切衆生發菩提心是菩薩若
不發化衆生心者犯輕垢罪
若佛子常行教化起大悲心入檀越貴人家一切衆中
不得立為白衣說法應白衣衆前高坐上坐法師比
丘不得地立為四衆說法若說法時法師高坐香花供

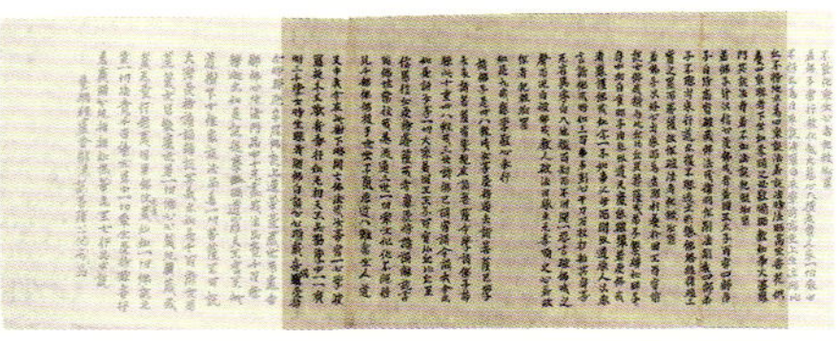

丘不得地立為四衆說法若說法時法師高坐香花供
養四衆聽者下坐如孝順父母敬順師教如事火婆羅
門其說法者若不如法說犯輕垢罪
若佛子皆以信心受佛戒者若國王太子百官四部弟
子自恃高貴破滅佛法戒律明作制法制我四部弟
子不聽出家行道亦復不聽造立形像佛塔經律破三
寶之罪而故作破法者犯輕垢罪
若佛子以好心出家而為名聞利養於國王百官前
說七佛戒橫與比丘比丘尼菩薩戒弟子繫縛如師子
身中蟲自食師子肉非外道天魔能破壞若受佛戒
者應護佛戒如念一子如事父母而聞外道惡人以惡
言謗佛戒時如三百鉾矛刺心千刀万杖打拍其身等
无有異寧自入地獄百劫而不用聞一惡言破佛戒之
聲而况自破佛戒教人破法因緣亦无孝順之心若故

作者犯輕垢罪
如是九戒應學敬心奉行
諸佛子是卌八輕戒汝等受持過去諸菩薩已學
未來諸菩薩當學現在諸菩薩今學諸佛子聽
聽此十重卌八輕戒三世諸佛已誦當誦今誦我今亦
如是誦汝等一切大衆若國王王子百官比丘比丘尼
信男信女受持菩薩戒者應受持讀誦解說書
寫佛性常住戒卷流通三世一切衆生化化不絕得
見千佛佛佛授手世世不墮惡道八難常生人道
天中我今在此樹下略開七佛法戒汝等當一心學波
羅提木叉歡喜奉行如无相天王品勸學中一一廣
明三千學士時坐聽者聞佛自誦心心頂戴喜躍受持

明三千學士時生聽者閣佛自誦心心頂戴喜[redacted]躍受持
尒時釋迦牟尼佛說上蓮華臺藏世界盧舍
那佛心地法門品中十无盡戒法品竟千百億
釋迦亦如是說從摩[redacted]醯首羅天王宮至此
道樹下十住處說法品為一切菩薩不可說
大眾受持讀誦解說其義亦如是千百億世界
蓮藏世界微塵世界一切佛心心藏地[redacted]藏戒
藏无量行願藏因果佛性常住藏如如一切佛說无
量一切法竟千百億世界中一切眾生受持歡喜行
若廣開心地相相如佛華光王七行品中說
梵網經盧舍那佛說菩薩心地戒品

BD00279 佛名經（十六卷本）卷二

153cm × 26.3cm

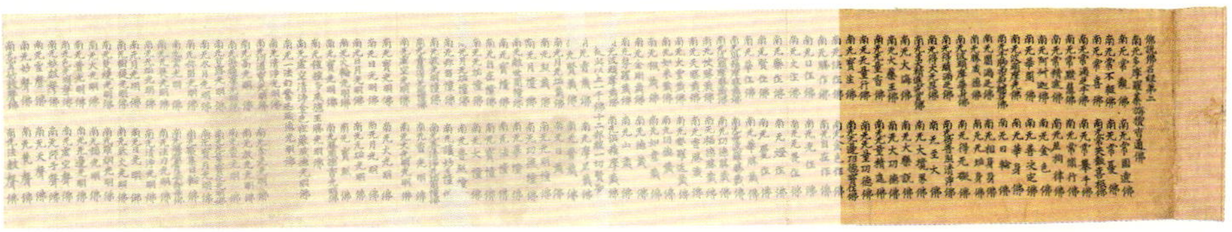

佛說佛名經苐二

南无多摩羅跋旃檀香通佛

南无常觀佛　南无常圍遶佛

南无常不輕佛　南无常憂佛

南无常喜佛　南无常笑歡喜根佛

南无常滿足手佛　南无常舉手佛

南无常黠慧佛　南无常脩行佛

南无常精進佛　南无尼拘律佛

南无可[illegible]佛　南无金[illegible]佛

南无善臂佛　南无善[illegible]佛
南无波頭摩光佛　南无華身佛
南无手脚柔耎觸身佛　南无日輪佛
南无闍滿足佛　南无相身佛
南无勝威德佛　南无无垢身佛
南无波頭摩華身佛　南无得无礙佛
南无得顚滿足佛　南无得普照清淨佛
南无得大无畏佛　南无聖大佛
南无聖天精進究竟佛　南无大境界佛
南无大海佛　南无大樂說佛
南无大藥王佛　南无大功德佛
南无无量香佛　南无无量精進佛
南无无量行佛　南无无量功德佛
南无寶生佛　南无无邊功德寶住佛

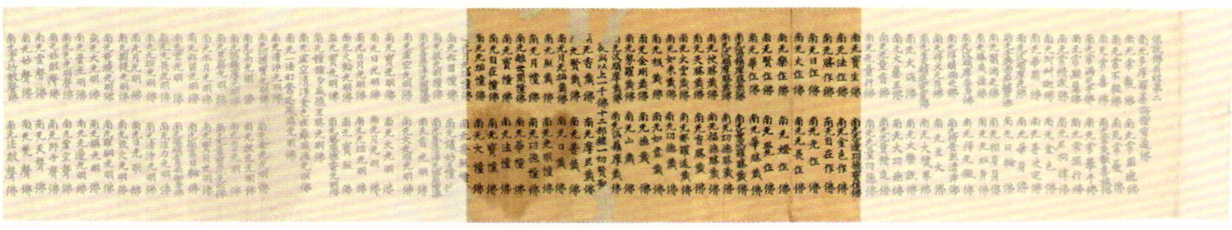

南无寶生佛　南无无邊功德寶作佛
南无法作佛　南无金色作佛
南无勝作佛　南无自在作佛
南无日作佛　南无光作佛
南无火作佛　南无无畏作佛
南无樂作佛　南无燈作佛
南无賢作佛　南无覺作佛
南无華作佛　南无華勝藏佛
南无俱蘇摩勝藏佛　南无憂波羅勝藏佛
南无波頭摩勝藏佛　南无功德勝藏佛
南无快勝藏佛　南无福德勝藏佛
南无天勝藏佛　南无香勝藏佛
南无大雲藏佛　南无那羅延藏佛
南无如來藏佛　南无一切德藏佛

南无相藏佛　南无如意藏佛
南无金剛藏佛　南无德藏佛
南无勢羅藏佛　南无山藏佛
南无波頭摩藏佛　南无俱蘇摩藏佛
依此以上一千佛十二部經一切賢聖
南无香藏佛　南无摩尼藏佛
南无賢藏佛　南无普藏佛
南无月无垢藏佛　南无日藏佛
南无照藏佛　南无光明幢佛
南无月幢佛　南无功德幢佛
南无離世間幢佛　南无華幢佛
南无寶幢佛　南无法幢佛
南无自在幢佛　南无寶幢佛
南无无垢幢佛　南无大幢佛

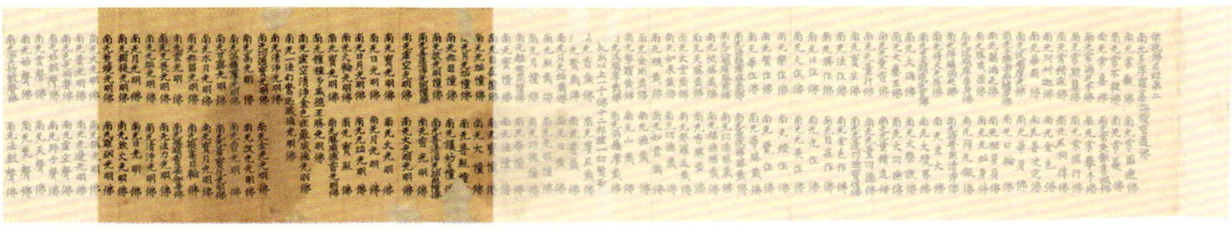

南无自在幢佛　南无寶幢佛
南无无垢幢佛　南无大幢佛
南无月无垢幢佛　南无普照幢佛
南无弥留幢佛　南无讃妙法幢佛
南无放光明幢佛　南无善清淨无垢照幢佛
南无善清淨光明幢佛　南无香光明佛
南无虚空光明佛　南无大光明光明佛
南无寶光明佛　南无火光明佛
南无日光明佛　南无月光明佛
南无日月光明佛　南无无垢光明佛
南无火輪光明佛　南无寶照佛
南无寶光明佛　南无勝威德香光明佛
南无種種多威德王勝光明佛
南无虚空清淨金色王最威德光明佛

南无一切[illegible]光明佛

南无清淨光明佛

南无功德寶光明佛　南无金光光明佛

南无高光明佛　南无放光光明佛

南无俱蘇摩光明佛　南无香光明佛

南无甘露光明佛　南无无量寶化光明佛

南无水月光明佛　南无寶月光明佛

南无弥留光明佛　南无聚集日輪佛

南无雲光明佛　南无賸頭耆婆伽華佛

南无无畏光明佛　南无法力光明佛

南无无垢光明佛　南无清淨光明佛

南无月光明佛　南无日光明佛

南无樹提光明佛　南无然火光明佛

南无焚燒光明佛　南无羅網光明佛

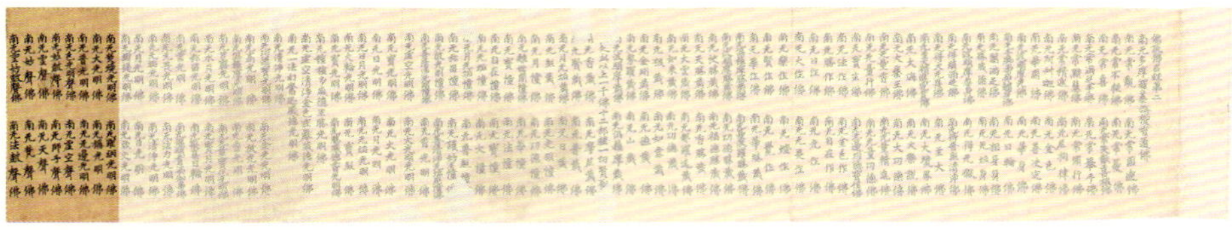

南无焚燒光明佛
南无大光明佛
南无普光明佛
南无色光明聲佛
南无妙鼓聲佛
南无雲聲佛
南无妙聲佛
南无雲妙鼓聲佛

南无羅網光明佛
南无稱光明佛
南无无邊光明佛
南无虛空聲佛
南无師子聲佛
南无天聲佛
南无梵聲佛
南无法鼓聲佛

BD00280 妙法蓮華經卷五

（後秦）鳩摩羅什 譯

1111.5cm×24.6cm

妙法蓮華經安樂行品第十四　五
尒時文殊師利法王子菩薩摩訶薩白佛言
世尊是諸菩薩甚爲難有敬順佛故發大誓
願於後惡世護持讀誦是法華經世尊菩薩
摩訶薩於後惡世云何能說是經佛告文殊
師利若菩薩摩訶薩於後惡世欲說是經
當安住四法一者安住菩薩行處親近處能
爲衆生演說是經文殊師利云何名菩薩摩
訶薩行處若菩薩摩訶薩住忍辱地柔和善
順而不卒暴心亦不驚又復於法無所行而觀
諸法如實相亦不行不分別是名菩薩摩訶
薩行處云何名菩薩摩訶薩親近處菩薩
摩訶薩不親近國王

諸外道梵志尼揵子等及造世俗文筆讚詠
外書及路伽耶陀逆路伽耶陀者亦不親近諸
有凶戲相扠相撲及那羅等種種變現之戲
又不親近旃陀羅及猪羊鷄狗畋獵魚捕
諸惡律儀如是人等或時來者則為說法
無所悕望又不親近求聲聞比丘比丘尼優
婆塞優婆夷亦不問訊若於房中若經行
處若在講堂中不共住止或時來者隨宜說
法無所希求文殊師利又菩薩摩訶薩不應
於女人身取能生欲想相而為說法亦不樂見
若入他家不與小女處女寡女等共語亦復不
近五種不男之人以為親近不獨入他家若
有因緣雖獨入時但一心念佛若為女人說
法不露齒笑不現胷臆乃至為法猶不親
厚況復餘事不樂畜年少弟子沙彌小兒亦

厚況復餘事不樂畜年少弟子沙彌小兒亦
不樂與同師常好坐禪在於閑處脩攝其心
文殊師利是名初親近處復次菩薩摩訶薩
觀一切法空如實相不顛倒不動不退不轉
如虛空無所有性一切語言道斷不生不出
不起無名無相實無所有無量無邊無礙無
障但以因緣有從顛倒生故說常樂觀如是
法相是名菩薩摩訶薩第二親近處尒時世
尊欲重宣此義而說偈言
若有菩薩　於後惡世　無怖畏心　欲說是經
應入行處　及親近處　常離國王　及國王子
大臣官長　凶險戲者　及旃陀羅　外道梵志
亦不親近　增上慢人　貪著小乘　三藏學者
破戒比丘　名字羅漢　及比丘尼　好戲笑者

深著五欲　求現滅度　諸優婆夷　皆勿親近
若是人等　以好心來　到菩薩所　為聞佛道
菩薩則以　無所畏心　不懷悕望　而為說法
寡女處女　及諸不男　皆勿親近　以為親厚
亦莫親近　屠兒魁膾　畋獵漁捕　為利殺害
販肉自活　衒賣女色　如是之人　皆勿親近
凶險相撲　種種嬉戲　諸婬女等　盡勿親近
莫獨屏處　為女說法　若說法時　無得戲笑
入里乞食　將一比丘　若無比丘　一心念佛
是則名為　行處近處　以此二處　能安樂說
又復不行　上中下法　有為無為　實不實法
亦不分別　是男是女　不得諸法　不知不見
是則名為　菩薩行處　一切諸法　空無所有
無有常住　亦無起滅　是名智者　所親近處

無有常住　亦無起滅　是名智者　所親近處
顛倒分別　諸法有無　是實非實　是生非生
在於閑處　修攝其心　安住不動　如須彌山
觀一切法　皆無所有　猶如虛空　無有堅固
不生不出　不動不退　常住一相　是名近處
若有比丘　於我滅後　入是行處　及親近處
說斯經時　無有怯弱　菩薩有時　入於靜室
以正憶念　隨義觀法　從禪定起　為諸國王
王子臣民　婆羅門等　開化演暢　說斯經典
其心安隱　無有怯弱　文殊師利　是名菩薩
安住初法　能於後世　說法華經
又文殊師利如來滅後於末法中欲說是經
應住安樂行若口宣說若讀經時不樂說
人及經典過亦不輕慢諸餘法師不說他人

惡長短於聲聞人亦不稱名說其過惡亦不
稱名讚歎其美又亦不生怨嫌之心善脩如
是安樂心故諸有聽者不逆其意有所難問
不以小乘法荅但以大乘而為解說令得一
切種智尒時世尊欲重宣此義而說偈言

菩薩常樂　安隱說法　於清淨地　而施牀座
以油塗身　澡浴塵穢　著新淨衣　內外俱淨
安處法座　隨問為說　若有比丘　及比丘尼
諸優婆塞　及優婆夷　國王王子　羣臣士民
以微妙義　和顏為說　若有難問　隨義而荅
因緣譬喻　敷演分別　以是方便　皆使發心
漸漸增益　入於佛道　除嬾墯意　及懈怠想
離諸憂惱　慈心說法　晝夜常說　無上道教
以諸因緣　無量譬喻　開示衆生　咸令歡喜

以諸因緣　無量譬喻　開示衆生　咸令歡喜
衣服臥具　飲食醫藥　而於其中　無所希望
但一心念　說法因緣　願成佛道　令衆亦尒
是則大利　安樂供養　我滅度後　若有比丘
能演說斯　妙法華經　心無嫉恚　諸惱障礙
亦無憂愁　及罵詈者　又無怖畏　加刀杖等
亦無擯出　安住忍故　智者如是　善脩其心
能住安樂　如我上說　其人功德　千万億劫
筭數譬喻　說不能盡
又文殊師利菩薩摩訶薩於後末世法欲滅
時受持讀誦斯經典者無懷嫉妬諂誑之心
亦勿輕罵學佛道者求其長短若比丘比丘
尼優婆塞優婆夷求聲聞者求辟支佛者
求菩薩道者無得惱之令其疑悔語其人言

汝是放逸之人於道懈怠故又亦不應戲論
諸法有所諍競當於一切衆生起大悲想於
諸如來起慈父想於諸菩薩起大師想於
十方諸大菩薩常應深心恭敬礼拜於一切衆
生平等說法以順法故不多不少乃至深愛
法者亦不為多說文殊師利是菩薩摩訶薩
於後末世法欲滅時有成就是第三安樂行
者說是法時無能惱亂得好同學共讀誦是
經亦得大衆而來聽受聽已能持持已能誦
誦已能說說已能書若使人書供養經卷恭
敬尊重讚歎尒時世尊欲重宣此義而說
偈言
若欲說是經　當捨嫉恚慢　諂誑邪偽心　常脩質直行

BD00280　妙法蓮華經卷五

若欲說是經　當捨嫉恚慢　諂誑邪偽心　常修質直行
不輕蔑於人　亦不戲論法　不令他疑悔　云汝不得佛
是佛子說法　常柔和能忍　慈悲於一切　不生懈怠心
十方大菩薩　愍眾故行道　應生恭敬心　是則我大師
於諸佛世尊　生無上父想　破於憍慢心　說法無障礙
第三法如是　智者應守護　一心安樂行　無量眾所敬
又文殊師利菩薩摩訶薩於後末世法欲滅
時有持是法華經者於在家出家人中生大
慈心於非菩薩人中生大悲心應作是念如
是之人則為大失如來方便隨宜說法不聞
不知不覺不問不信不解其人雖不問不信
不解是經我得阿耨多羅三藐三菩提時隨
在何地以神通力智慧力引之令得住是法
中文殊師利是菩薩摩訶薩於如來滅

成就此第四法者說是法時無有過失常為
比丘比丘尼優婆塞優婆夷國王王子大臣人
民婆羅門居士等供養恭敬尊重讚嘆虛
空諸天為聽法故亦常隨侍若在聚落城邑
空閑林中有人來欲難問者諸天晝夜常為
法故而衛護之能令聽者皆得歡喜所以者
何此經是一切過去未來現在諸佛神力所
護故文殊師利是法華經於無量國中乃至
名字不可得聞何況得見受持讀誦文殊師
利譬如強力轉輪聖王欲以威勢降伏諸國
而諸小王不順其命時轉輪王起種種兵而往討
伐王見兵眾戰有功者即大歡喜隨功賞
賜或與田宅聚落城邑或與衣服嚴身之具
或與種種珍寶金銀瑠璃車璖馬腦珊瑚虎

或與種種珎寶金銀瑠璃車𤦲馬腦珊瑚虎
珀象馬車乘奴婢人民唯髻中明珠不以與
之所以者何獨王頂上有此一珠若以與之
王諸眷屬必大驚恠文殊師利如來亦復
如是以禪定智慧力得法國土王於三界而
諸魔王不肯順伏如來賢聖諸將與之共戰
其有功者心亦歡喜於四衆中為說諸經令
其心悅賜以禪定解脫無漏根力諸法之財
又復賜與涅槃之城言得滅度引導其心皆
令歡喜而不為說是法華經文殊師利如轉
輪王見諸兵衆有大功者心甚歡喜以此難
信之珠久在髻中不妄與人而今與之如來
亦復如是於三界中為大法王以法教化一切

[illegible]
來亦大歡喜此法華經能令衆生至一切智
一切世間多怨難信先所未說而今說之文
殊師利此法華經是諸如來第一之說於諸
說中最為甚深末後賜與如彼強力之王久
護明珠今乃與之文殊師利此法華經諸佛
如來秘密之藏於諸經中最在其上長夜守
護不妄宣說始於今日乃與汝等而敷演之
尒時世尊欲重宣此義而說偈言
常行忍辱　哀愍一切　乃能演說　佛所讚經
後末世時　持此經者　於家出家　及非菩薩
應生慈悲　斯等不聞　不信是經　則為大失
我得佛道　以諸方便　為說此法　令住其中
譬如強力　轉輪之王　兵戰有功　賞賜諸物

辟如强力 轉輪之王 兵戰有功 賞賜諸物
象馬車乘 嚴身之具 及諸田宅 聚落城邑
或與衣服 種種珍寶 奴婢財物 歡喜賜與
如有勇健 能為難事 王解髻中 明珠賜之
如來亦尒 為諸法王 忍辱大力 智慧寶藏
以大慈悲 如法化世 見一切人 受諸苦惱
欲求解脫 與諸魔戰 為是衆生 說種種法
以大方便 說此諸經 既知衆生 得其力已
末後乃為 說是法華 如王解髻 明珠與之
此經為尊 衆經中上 我常守護 不妄開示
今正是時 為汝等說
我滅度後 求佛道者 欲得安隱 演說斯經
應當親近 如是四法 讀是經者 常無憂惱

刀仗不加　毒不能害　若人惡罵　口則閉塞
遊行無畏　如師子王　智慧光明　如日之照
若於夢中　但見妙事　見諸如來　坐師子座
諸比丘衆　圍繞說法　又見龍神　阿脩羅等
數如恒沙　恭敬合掌　自見其身　而為說法
又見諸佛　身相金色　放無量光　照於一切
以梵音聲　演說諸法　佛為四衆　說無上法
見身處中　合掌讚佛　聞法歡喜　而為供養
得陁羅尼　證不退智　佛知其心　深入佛道
即為授記　成最正覺　汝善男子　當於來世
得無量智　佛之大道　國土嚴淨　廣大無比
亦有四衆　合掌聽法　又見自身　在山林中
脩習善法　證諸實相　深入神定　見十方佛

BD00280　妙法蓮華經卷五

脩習善法　證諸實相　深入神之　見十方佛
諸佛身金色　百福相莊嚴　聞法為人說　常有是好夢
又夢作國王　捨宮殿眷屬　及上妙五欲　行詣於道場
又菩提樹下　而處師子座　求道過七日　得諸佛之智
成無上道已　起而轉法輪　為四衆說法　經千万億劫
說無漏妙法　度無量衆生　後當入涅槃　如烟盡燈滅
若後惡世中　說是第一法　是人得大利　如上諸功德

妙法蓮華經從地踊出品第十五

尒時他方國土諸來菩薩摩訶薩過八恒河
沙數於大衆中起立合掌作礼而白佛言世
尊若聽我等於佛滅後在此娑婆世界勤加
精進護持讀誦書寫供養是經典者當於此
土而廣說之尒時佛告諸菩薩摩訶薩衆

一一菩薩各有六万恒河沙眷屬是諸人等能
於我滅後護持讀誦廣說此經佛說是語時
娑婆世界三千大千國土地皆震裂而於其中
中有無量千万億菩薩摩訶薩同時踊出是
諸菩薩身皆金色三十二相無量光明先盡
在此娑婆世界之下此界虛空中住是諸菩
薩聞釋迦牟尼佛所說音聲從下發來一一菩
薩皆是大衆唱導之首各將六万恒河沙眷
屬況將五万四万三万二万一万恒河沙等
眷屬者況復乃至一恒河沙半恒河沙四分
之一乃至千万億那由他分之一況復千万
億那由他眷屬況復億万眷屬況復千万百
万乃至一万況復一千一百乃至一十況復

万乃至一万况復一千一百乃至一十况復
將五四三二一弟子者况復單己樂遠離行
如是等比無量無邊筭數譬喻所不能知是
諸菩薩從地出已各詣虛空七寶妙塔多寶
如來釋迦牟尼佛所到已向二世尊頭面礼是
及至諸寶樹下師子座上佛所亦皆作礼
右繞三帀合掌恭敬以諸菩薩種種讚法而
以讚嘆住在一面欣樂瞻仰於二世尊是諸
菩薩摩訶薩從初踊出以諸菩薩種種讚法
而讚於佛如是時間經五十小劫是時釋迦
牟尼佛默然而坐及諸四衆亦皆默然五十
小劫佛神力故令諸大衆謂如半日尒時四
衆亦以佛神力故見諸菩薩遍滿無量百千
万億國土虛空是菩薩衆中有四導師一名

行二名無邊行三名淨行四名安立行

四菩薩於其衆中最為上首唱導之師在

大衆前各共合掌觀釋迦牟尼佛而問訊言世

尊少病少惱安樂行不所應度者受教易不

不令世尊生疲勞耶尒時四大菩薩而說偈

言

世尊安樂　少病少惱　教化衆生　得無疲倦

又諸衆生　受化易不　不令世尊　生疲勞耶

尒時世尊於菩薩大衆中而作是言如是如是

諸善男子如來安樂少病少惱諸衆生等

易可化度無有疲勞所以者何是諸衆生世

世已來常受我化亦於過去諸佛供養尊重

種諸善根此諸衆生始見我身聞我所說即

皆信受入如來慧除先脩習學小乘者如是

皆信受入如来慧除先脩習學小乘者如是
之人我今亦令得聞是經入於佛慧尒時諸
大菩薩而説偈言
善哉善哉　大雄世尊　諸衆生等　易可化度
能問諸佛　甚深智慧　聞已信行　我等随喜
於時世尊讃歎上首諸大菩薩善哉善哉
善男子汝等能於如来發随喜心尒時弥勒菩
薩及八千恒河沙諸菩薩衆皆作是念我等
從昔已来不見不聞如是大菩薩摩訶薩衆
從地踊出住世尊前合掌供養問訊如来時
弥勒菩薩摩訶薩知八千恒河沙諸菩薩等
心之所念并欲自決所疑合掌向佛以偈問曰
無量千万億　大衆諸菩薩　昔所未曾見　願兩足尊説

二二諸菩薩　所將諸眷屬　其數無有量　如恒河沙等
或有大菩薩　將六万恒沙　如是諸大衆　一心求佛道
是諸大師等　六万恒河沙　俱來供養佛　及護持是經
將五万恒沙　其數過於是　四万及三万　二万至一万
一千一百等　乃至一恒沙　半及三四分　億万分之一
千万那由他　万億諸弟子　乃至於半億　其數復過上
百万至一万　一千及一百　五十與一十　乃至三二一
單己無眷屬　樂於獨處者　俱來至佛所　其數轉過上
如是諸大衆　若人行籌數　過於恒沙劫　猶不能盡知
是諸大威德　精進菩薩衆　誰為其說法　教化而成就
從誰初發心　稱揚何佛法　受持行誰經　脩習何佛道
如是諸菩薩　神通大智力　四方地震裂　皆從中踊出
世尊我昔來　未曾見是事　願說其所從　國土之名号

世尊我昔來　未曾見是事　願說其所從　國土之名号
我常遊諸國　未曾見是衆　我於此衆中　乃不識一人
忽然從地出　願說其因緣　今此之大會　無量百千億
是諸菩薩等　皆欲知此事　是諸菩薩衆　本末之因緣
無量德世尊　唯願決衆疑
尒時釋迦牟尼佛分身諸佛從无量千万億
他方国土来者在於八方諸寶樹下師子座
上結跏趺坐其佛侍者各各見是菩薩大衆
於三千大千世界四方從地踊出住於虛空
各白其佛言世尊此諸无量无邊阿僧祇菩
薩大衆從何所来尒時諸佛各告侍者諸善
男子且待須臾有菩薩摩訶薩名曰弥勒釋
迦牟尼佛之所授記次後作佛已問斯事佛
今荅之汝等自當因是得聞尒時釋迦牟尼

如是大事汝等當共一心被精進鎧發堅固
意如来今欲顯發宣示諸佛智慧諸佛自
在神通之力諸佛師子奮迅之力諸佛威
猛大勢之力尒時世尊欲重宣此義而說偈言

當精進一心　我欲說此事　勿得有疑悔　佛智叵思議
汝今出信力　住於忍善中　昔所未聞法　今皆當得聞
我今安慰汝　勿得懷疑懼　佛无不實語　智慧不可量
所得第一法　甚深叵分別　如是今當說　汝等一心聽

尒時世尊說此偈已告弥勒菩薩我今於此
大衆宣告汝等阿逸多是諸大菩薩摩訶薩
无量无數阿僧祇從地踊出汝等昔所未見
者我於是娑婆世界得阿耨多羅三藐三菩
提已教化示導是諸菩薩調伏其心令發道
意此諸菩薩皆於是娑婆世界之下此界虛

意此諸菩薩皆於是娑婆世界之下此界虛
空中住於諸經典讀誦利思惟分别正憶
念阿逸多是諸善男子等不樂在衆多有所
說常樂靜處懃行精進未曾休息亦不依止
人天而住常樂深智无有障礙亦常樂於諸
佛之法一心精進求无上慧尒時世尊欲重
宣此義而說偈言
阿逸汝當知　是諸大菩薩　從无數劫來　脩習佛智慧
悉是我所化　令發大道心　此等是我子　依止是世界
常行頭陁事　志樂於靜處　捨大衆憒閙　不樂多所說
如是諸子等　學習我道法　晝夜常精進　爲求佛道故
在娑婆世界　下方空中住　志念力堅固　常懃求智慧
說種種妙法　其心无所畏　我於伽耶城　菩提樹下坐
得成最正覺　轉无上法輪　尒乃教化之　令初發道心

尒時弥勒菩薩摩訶薩及无數諸菩薩等心
生疑惑恠未曾有而作是念云何世尊於少
時間教化如是无量无邊阿僧祇諸大菩薩
令住阿耨多羅三藐三菩提即白佛言世尊
如來為太子時出於釋宮去伽耶城不遠坐
於道場得成阿耨多羅三藐三菩提從是已
來始過四十餘年世尊云何於此少時大作
佛事以佛勢力以佛功德教化如是无量大
菩薩衆當成阿耨多羅三藐三菩提世尊此
大菩薩衆假使有人於千万億劫數不能盡
不得其邊斯等久遠已來於无量无邊諸佛
所殖諸善根成就菩薩道常脩梵行世尊如
此之事世所難信譬如有人色美髮黑年二

此之事世所難信譬如有人色美髮黑年二
十五指百歲人言是我子其百歲人亦指年
少言是我父生育我等是事難信佛亦如
是得道已來其實未久而此大衆諸菩薩
等已於无量千万億劫為佛道故勤行精進
善入出住无量百千万億三昧得大神通久脩
梵行善能次第習諸善法巧於問荅人中之
寶一切世間甚為希有今日世尊方云得佛
道時初令發心教化示導令向阿耨多羅三
藐三菩提世尊得佛未久乃能作此大功德
事我等雖復信佛隨宜所説佛所出言未
曾虚妄佛所知者皆悉通達然諸新發意菩
薩於佛滅後若聞是語或不信受而起破法罪
業因緣唯然世尊願為解説除我等疑及未來

菩薩欲重宣此義 而說偈言

佛昔從釋種 出家近伽耶 坐於菩提樹 尒來尚未久
此諸佛子等 其數不可量 久已行佛道 住神通智力
善學菩薩道 不染世間法 如蓮華在水 從地而踊出
皆起恭敬心 住於世尊前 是事難思議 云何而可信
佛得道甚近 所成就甚多 願為除衆疑 如實分別說
譬如少壯人 年始二十五 示人百歲子 髮白而面皺
是等我所生 子亦說是父 父少而子老 舉世所不信
世尊亦如是 得道來甚近 是諸菩薩等 志固无怯弱
從无量劫來 而得菩薩道 巧於難問答 其心无所畏
忍辱心決定 端正有威德 十方佛所讚 善能分別說
不樂在人衆 常好在禪定 為求佛道故 於下空中住
我等從佛聞 於此事无疑 願佛為未來 演說令開解
若有於此經 生疑不信者 即當墮惡道 願今為解說
是无量菩薩 云何於少時 教化令發心 而住不退地

妙法蓮華經卷第五

是无量菩薩　云何於少時　教化令發心　而住不退地
妙法蓮華經如來壽量品第十六
尒時佛告諸菩薩及一切大衆諸善男子汝
等當信解如來誠諦之語復告大衆汝等當
信解如來誠諦之語又復告諸大衆汝等當
信解如来誠諦之語是時菩薩大衆弥勒為
首合掌白佛言世尊唯願說之我等當信受
佛語如是三白已復言唯願說之我等當信
受佛語尒時世尊知諸菩薩三請不止而告
之言汝等諦聽如来秘密神通之力一切世
間天人及阿脩羅皆謂今釋迦牟尼佛出釋
氏宮去伽耶城不遠坐於道場得阿耨多羅
三藐三菩提然善男子我實成佛已来无量
无邊百千万億那由他劫譬如五百千万億

国乃下一塵如是東行盡是微塵諸善男子
於意云何是諸世界可得思惟校計知其數不
弥勒菩薩等俱白佛言世尊是諸世界无量
无邊非筭數所知亦非心力所及一切聲聞
辟支佛以无漏智不能思惟知其限數我等
住阿惟越致地於是事中亦所不達世尊如
是諸世界无量无邊尒時佛告大菩薩衆諸
善男子今當分明宣語汝等是諸世界若着
微塵及不着者盡以為塵一塵一劫我成佛已
來復過於此百千万億那由他阿僧祇劫自從
是來我常在此娑婆世界說法教化亦於餘
處百千万億那由他阿僧祇国導利衆生諸
善男子於是中間我說然燈佛等又復言其

善男子於是中間我說然燈佛等又復言其
入於涅槃如是皆以方便分別諸善男子若
有衆生來至我所我以佛眼觀其信等諸根
利鈍隨所應度處處自說名字不同年紀大
小亦復現言當入涅槃又以種種方便說微妙
法能令衆生發歡喜心諸善男子如來見諸
衆生樂於小法德薄垢重者為是人說我少
家得阿耨多羅三藐三菩提然我實成佛
已來久遠若斯但以方便教化衆生令入佛
道作如是說諸善男子如來所演經典皆為
度脫衆生或說己身或說他身或示己身或
示他身或示己事或示他事諸所言說皆實
不虛所以者何如來如實知見三界之相无有
生死若退若出亦无在世及滅度者非實

性種種欲種種行種種想分別故欲令
生諸善根以若干因緣譬喻言辭種種
種說法所作佛事未曾暫廢如是我成佛
已來甚大久遠壽命无量阿僧祇劫常住不
滅諸善男子我本行菩薩道所成壽命今猶未
盡復倍上數然今非實滅度而便唱言當取
滅度如來以是方便教化衆生所以者何若
佛久住於世薄德之人不種善根貧窮下賤
貪著五欲入於憶想妄見網中若見如來常
在不滅便起憍恣而懷厭怠不能生難遭之
想恭敬之心是故如來以方便說比丘當知
諸佛出世難可值遇所以者何諸薄德人過
无量百千萬億劫或有見佛或不見者以
此事故我作是言諸比丘如來難可得見斯衆

以事故我作是言諸比丘如来難可得見斯衆
生等聞如是語必當生於難遭之想心懷戀
慕渴仰於佛便種善根是故如来雖不實滅
而言滅度又善男子諸佛如来法皆如是為
度衆生皆實不虛譬如良醫智慧聰達明練
方藥善治衆病其人多諸子息若十二十乃
至百數以有事緣遠至餘國諸子於後飲他
毒藥藥發悶亂宛轉于地是時其父還来歸
家諸子飲毒或失本心或不失者遥見其父
皆大歡喜拜跪問訊善安隱歸我等愚癡誤
服毒藥願見救療更賜壽命父見子等苦惱
如是依諸經方求好藥草色香美味皆悉具
足擣篩和合與子令服而作是言此大良藥
色香美味皆悉具足汝等可服速除苦惱无

來雖亦歡喜問訊求索治病然與其藥而不
肯服所以者何毒氣深入失本心故於此好
色香藥而謂不美父作是念此子可愍為毒
所中心皆顛倒雖見我喜求索救療如是好
藥而不肯服我今當設方便令服此藥即作
是言汝等當知我今衰老死時已至是好良
藥今留在此汝可取服勿憂不差作是教已
復至他國遣使還告汝父已死是時諸子聞
父背喪心大憂惱而作是念若父在者慈愍
我等能見救護今者捨我遠喪他國自惟孤
露无復恃怙常懷悲感心遂醒悟乃知此藥
色香味美即取服之毒病皆愈其父聞子悉
已得差尋便來歸咸使見之諸善男子於意
云何頗有人能說此良醫虛妄罪不不也世

云何頗有人能説此良醫虛妄罪不不也世
尊佛言我亦如是成佛已來无量无邊百千
万億那由他阿僧祇劫為衆生故以方便力
言當滅度亦无有能如法説我虛妄過者尒
時世尊欲重宣此義而説偈言
自我得佛來　所經諸劫數　无量百千万　億載阿僧祇
常説法教化　无數億衆生　令入於佛道　尒來无量劫
為度衆生故　方便現涅槃　而實不滅度　常住此説法
我常住於此　以諸神通力　令顛倒衆生　雖近而不見
衆見我滅度　廣供養舍利　咸皆懷戀慕　而生渇仰心
衆生既信伏　質直意柔軟　一心欲見佛　不自惜身命
時我及衆僧　俱出靈鷲山　我時語衆生　常在此不滅
以方便力故　現有滅不滅　餘國有衆生　恭敬信樂者
我見諸衆生　沒在於苦惱　故不為現身　令其生渇仰

因其心戀慕　乃出為說法　神通力如是　於阿僧祇劫
常在靈鷲山　及餘諸住處　衆生見劫盡　大火所燒時
我此土安隱　天人常充滿　園林諸堂閣　種種寶莊嚴
寶樹多華果　衆生所遊樂　諸天擊天鼓　常作衆伎樂
雨曼陀羅華　散佛及大衆　我淨土不毀　而衆見燒盡
憂怖諸苦惱　如是悉充滿　是諸罪衆生　以惡業因緣
過阿僧祇劫　不聞三寶名　諸有修功德　柔和質直者
則皆見我身　在此而說法　或時為此衆　說佛壽无量
久乃見佛者　為說佛難值　我智力如是　慧光照无量
壽命无數劫　久修業所得　汝等有智者　勿於此生疑
當斷令永盡　佛語實不虛　如醫善方便　為治狂子故
實在而言死　无能說虛妄　我亦為世父　救諸苦患者
為凡夫顛倒　實在而言滅　以常見我故　而生憍恣心
放逸著五欲　墮於惡道中　我常知衆生　行道不行道
隨應所可度　為說種種法　每自作是意　以何令衆生

放逸著五欲　墮於惡道中　我常知衆生　行道不行道
隨應所可度　爲說種種法　每自作是意　以何令衆生
得入无上道　速成就佛身

妙法蓮華經分別功德品第十七

尒時大會聞佛說壽命劫數長遠如是无量
无邊阿僧祇衆生得大饒益於時世尊告彌
勒菩薩摩訶薩阿逸多我說是如來壽命長
遠時六百八十万億那由他恒河沙衆生得
无生法忍復千倍菩薩摩訶薩得聞持陁
羅尼門復有一世界微塵數菩薩摩訶薩得
樂說无礙辯才復有一世界微塵數菩薩摩
訶薩得百万億无量旋陁羅尼復有三千大
千世界微塵數菩薩摩訶薩能轉不退法輪復
有二千中國土微塵數菩薩摩訶薩能轉

薩八生當得阿耨多羅三藐三菩提復有四
四天下微塵數菩薩摩訶薩四生當得阿耨
多羅三藐三菩提復有三四天下微塵數菩
薩摩訶薩三生當得阿耨多羅三藐三菩提
復有二四天下微塵數菩薩摩訶薩二生當得
阿耨多羅三藐三菩提復有一四天下微塵
數菩薩摩訶薩一生當得阿耨多羅三藐
三菩提復有八世界微塵數衆生皆發阿
耨多羅三藐三菩提心佛說是諸菩薩摩訶
薩得大法利時於虛空中雨曼陁羅華摩訶
曼陁羅華以散无量百千万億寶樹下師子座
上諸佛并散七寶塔中師子座上釋迦牟尼
佛及久滅度多寶如來亦散一切諸大菩薩
及四部衆又雨細末栴檀沈水香等於虛空

BD00280　妙法蓮華經卷五

及四部衆又雨細末栴檀沉水香等於虛空
中天鼓自鳴妙聲深遠又雨千種天衣垂諸
瓔珞真珠瓔珞摩尼珠瓔珞如意珠瓔珞遍
於九方衆寶香爐燒无價香自然周至供養
大會一一佛上有諸菩薩執持幡蓋次第而
上至于梵天是諸菩薩以妙音聲歌无量頌
讚歎諸佛尒時弥勒菩薩從座而起偏袒右
肩合掌向佛而說偈言
佛說希有法　昔所未曾聞　世尊有大力　壽命不可量
无數諸佛子　聞世尊分別　說得法利者　歡喜充遍身
或住不退地　或得陁羅尼　或无礙樂說　万億旋揔持
或有大千界　微塵數菩薩　各各皆能轉　不退之法輪
或有中千界　微塵數菩薩　各各皆能轉　清淨之法輪
復有小千界　微塵數菩薩　餘各八生在　當得成佛道
復有四三二　如此四天下　微塵諸菩薩　隨數生成佛

或一四天下　微塵數菩薩　餘各一生在　當成一切智
如是等衆生　聞佛壽長遠　得无量无漏　清淨之果報
復有八世界　微塵數衆生　聞佛說壽命　皆發无上心
世尊說无量　不可思議法　多有所饒益　如虛空无邊
雨天曼陀羅　摩訶曼陀羅　釋梵如恒沙　无數佛土來
雨栴檀沈水　繽紛而亂墜　如鳥飛空下　供散於諸佛
天鼓虛空中　自然出妙聲　天衣千万種　旋轉而來下
衆寶妙香爐　燒无價之香　自然悉周遍　供養諸世尊
其大菩薩衆　執七寶幡蓋　高妙万億種　次第至梵天
一一諸佛前　寶幢懸勝幡　亦以千万偈　歌詠諸如來
如是種種事　昔所未曾有　聞佛壽无量　一切皆歡喜
佛名聞十方　廣饒益衆生　一切具善根　以助无上心
尒時佛告彌勒菩薩摩訶薩　阿逸多　其有
衆生聞佛壽命長遠如是　乃至能生一念信解
所得功德无有限量　若有善男子善女人為

所得功德无有限量若有善男子善女人爲
阿耨多羅三藐三菩提於八十万億那由他
劫行五波羅蜜檀波羅蜜尸羅波羅蜜羼
提波羅蜜毗梨耶波羅蜜禪波羅蜜除般若
波羅蜜以是功德比前功德百分千分百千万
億分不及其一乃至算數譬喻所不能知若
善男子有如是功德於阿耨多羅三藐三菩
提退者无有是處尒時世尊欲重宣此義而
說偈言

若人求佛慧　於八十万億　那由他劫數　行五波羅蜜
於是諸劫中　布施供養佛　及緣覺弟子　并諸菩薩衆
珍異之飲食　上服與卧具　栴檀立精舍　以園林莊嚴
如是等布施　種種皆微妙　盡此諸劫數　以迴向佛道
若復持禁戒　清淨无缺漏　求於无上道　諸佛之所歎

若復勤精進　志念常堅固　於无量億劫　一心不懈息
又於无數劫　住於空閑處　若坐若經行　除睡常攝心
以是因緣故　能生諸禪定　八十億万劫　安住心不亂
持此一心福　願求无上道　我得一切智　盡諸禪定際
是人於百千　万億劫數中　行此諸功德　如上之所說
有善男女等　聞我說壽命　乃至一念信　其福過於彼
若人悉无有　一切諸疑悔　深心須臾信　其福為如此
其有諸菩薩　无量劫行道　聞我說壽命　是則能信受
如是諸人等　頂受此經典　願我於未來　長壽度衆生
如今日世尊　諸釋中之王　道場師子吼　說法无所畏
我等未來世　一切所尊敬　坐於道場時　說壽亦如是
若有深心者　清淨而質直　多聞能總持　隨義解佛語
如是諸人等　於此无有疑
又阿逸多若有聞佛壽命長遠解其言趣是

如是諸人等　於此无有疑
又阿逸多若有聞佛壽命長遠解其言趣是
人所得功德无有限量能起如來无上之慧
何況廣聞是經若教人聞若自持若教人持若
自書若教人書若以華香瓔珞幢幡繒蓋香
油蘇燈供養經卷是人功德无量无邊能生
一切種智阿逸多若善男子善女人聞我說
壽命長遠深心信解則為見佛常在耆闍
崛山共大菩薩諸聲聞衆圍繞說法又見此
娑婆世界其地瑠璃坦然平正閻浮檀金以
界八道寶樹行列諸臺樓觀皆悉寶成其
菩薩衆咸處其中若有能如是觀者當知是
為深信解相又復如來滅後若聞是經而不
毀呰起隨喜心當知已為深信解相何況讀
誦受持之者斯人則為頂戴如來

子善女人不須為我復起塔寺及作僧坊
以四事供養眾僧所以者何是善男子善女
人受持讀誦是經典者為已起塔造立僧坊
供養眾僧則為以佛舍利起七寶塔高廣漸
小至于梵天懸諸幡蓋及眾寶鈴華香瓔珞
末香塗香燒香眾鼓伎樂簫笛箜篌種種儛
戲以妙音聲歌唄讚頌則為於无量千万億
劫作是供養已阿逸多若我滅後聞是經典
有能受持若自書若教人書則為起立僧坊
以赤栴檀作諸殿堂三十有二高八多羅樹
高廣嚴好百千比丘於其中止園林流池經
行禪窟衣服飲食床褥湯藥一切樂具充
滿其中如是僧坊堂閣若干百千万億其
數无量以此現前供養於我及比丘僧是故我
說如來滅後若有受持讀誦為他人說若自

說如來滅後若有受持讀誦為他人說若自
書若教人書供養經卷不須復起塔寺及造
僧坊供養衆僧況復有人能持是經兼行布
施持戒忍辱精進一心智慧其德最勝无量
无邊辟如虛空東西南北四維上下无量无
邊是人功德亦復如是无量无邊疾至一切種
智若人讀誦受持是經為他人說若自書若教
人書復能起塔及造僧坊供養讚歎聲聞衆
僧亦以百千万億讚歎之法讚歎菩薩功德
又為他人種種因緣隨義解說此法華經復
能清淨持戒與柔和者而共同止忍辱无瞋
志念堅固常貴坐禪得諸深定精進勇猛攝
諸善法利根智慧善荅問難阿逸多若我滅
後諸善男子善女人受持讀誦是經典者復

男子若坐若立若行處此中便應起塔一切
天人皆應供養如佛之塔尒時世尊欲重宣
此義而説偈言
若我滅度後　能奉持此經　斯人福无量　如上之所説
是則為具足　一切諸供養　以舍利起塔　七寶而莊嚴
表刹甚高廣　漸小至梵天　寶鈴千万億　風動出妙音
又於无量劫　而供養此塔　華香諸瓔珞　天衣衆伎樂
然香油酥燈　周帀常照明　惡世法末時　能持是經者
則為已如上　具足諸供養　若能持此經　則如佛現在
以牛頭栴檀　起僧坊供養　堂有三十二　高八多羅樹
上饌妙衣服　床卧皆具足　百千衆住處　園林諸流池
經行及禪窟　種種皆嚴好　若有信解心　受持讀誦書
若復教人書　及供養經卷　散華香末香　以須曼瞻蔔
阿提目多伽　薰油常然之　如是供養者　得无量功德

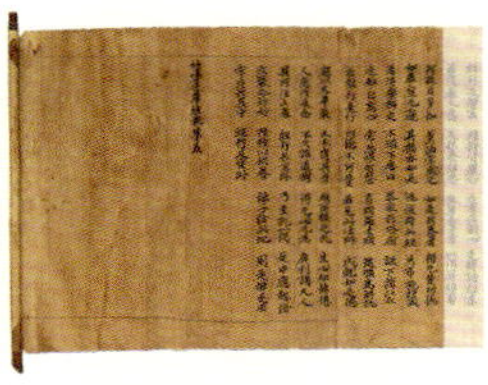

阿提目多伽　薰油常然之　如是供養者　得无量功德
如虛空无邊　其福亦如是　況復持此經　兼布施持戒
忍辱樂禪定　不瞋不惡口　恭敬於塔廟　謙下諸比丘
遠離自高心　常思惟智慧　有問難不瞋　隨順為解說
若能行是行　功德不可量　若見此法師　成就如是德
應以天華散　天衣覆其身　頭面接足礼　生心如佛想
又應作是念　不久詣道樹　得无漏无為　廣利諸天人
其所住止處　經行若坐臥　乃至說一偈　是中應起塔
莊嚴令妙好　種種以供養　佛子住此地　則是佛受用
常在於其中　經行及坐臥

妙法蓮華經卷第五

BD00280　妙法蓮華經卷五

BD00281 大般若波羅蜜多經卷五九九

（唐）玄奘 譯

BD00281v 雜寫

281.6cm × 28.2cm

不能
菩薩況於眷
窮還歸自宮愁百
波羅蜜多日
彈指頃心有迷惑何況能
猛如是菩薩修行般若於方
功德智慧大威神世界諸
有情類皆變為魔魔衆為擾
亂故往菩薩所盡其不能障所修般
若波羅蜜多何以故善勇猛尒時菩薩成就
如是甚深般若力勢力故亦復成就不可思
議不可測量及無等等般若力故不為一切暴
惡魔軍之所降伏善勇猛夫大力者謂般若
力夫大勢者謂般若勢夫大力者謂般若力

欲魔境生諸梵天四無色地彼於菩薩常所
成就世間妙慧尚非行境況實般若波羅蜜
多何況惡魔能行此境彼於獲得色無色定
外仙妙慧尚非行境況於般若波羅蜜多善
勇猛若時菩薩成就般若波羅蜜多尒時菩
薩名為成就大威力者若有成就般若威力
即名成就利慧刀若有成就般若利刀即
名成就利慧劍者諸惡魔軍不能降伏而
能降伏一切魔軍
復次善勇猛若諸菩薩成就般若波羅蜜
多利刀劍具大勢力是諸菩薩於一切處無
所依止諸有所作亦無所依何以故善勇猛
若有所依則有移轉若有移轉則有動搖若
有動搖則有戲論善勇猛若諸有情有依有
轉動搖戲論是諸有情隨魔力行未脫魔境

精勤推徵論是諸有情隨魔力行未脫魔境
善勇猛若諸有情雖復乃至上生有頂有所
依止繫屬所依依所依處彼必還墮魔境界
中未脫惡魔所有羂網惡魔索纏常所隨逐
如猛喜子及阿邏荼迦邏摩子并餘一切依
止無色繫屬所依依所依處諸仙外道善勇
猛若諸菩薩行深般若波羅蜜多修深般若
波羅蜜多會深般若波羅蜜多是諸菩薩
於一切處無所依止諸有所作亦無所依善勇
猛若諸菩薩勇猛精進修行般若波羅蜜多
隨順安住尒時菩薩不依止色亦不依止受
想行識不依止眼亦不依止耳鼻舌身意不
依止色亦不依止聲香味觸法不依止眼識
亦不依止耳鼻舌身意識不依止名色不依
止顛倒見趣諸蓋及諸愛行不依止緣起不

者見者及彼諸想不依止地水火風空識界
不依止有情界法界不依止初静慮乃至非
想非非想處不依止有愛不依止無有愛不
依止斷常不依止有性不依止無性不依止
布施慳貪持戒犯戒安忍忿恚精進懈怠静
慮散亂般若惡慧不依止念住正斷神足根
力覺支道支不依止斷顛倒等不依止静慮
解脫等持等至不依止苦集滅道不依止盡
智無生智無造作智不依止無著智見不依
止明及解脫不依止解脫智見不依止異生
聲聞獨覺菩薩佛地不依止異生聲聞獨覺
菩薩佛法不依止涅槃不依止過去未來現
在智見不依止三世平等性不依止佛智力
無畏等不依止一切智智不依止相好圓滿
不依止佛土圓滿不依止聲聞衆圓滿不依

不依止佛土圓滿不依止聲聞衆圓滿不依
止菩薩衆圓滿不依止一切法不依止移轉
不依止動搖不依止戲論由無依止除遣一切
亦不執著無依止道於無依止亦不恃執亦
復不得此是依止亦復不得在此依止亦
復不得屬此依止亦復不得依此依止於所
依止亦無恃執如是菩薩於諸依止無恃無
得無執無取無說無欣無著而住不爲一切
依止所染於諸依止亦無滞礙證得一切依
止淨法善勇猛此諸菩薩依一切法依止請
淨微妙智見脩行般若波羅蜜多由此惡魔
不能得便惡魔軍衆不能降伏而能降伏一
切魔軍
復次善勇猛若諸菩薩未發無上正等覺心

具足於諸有情樂行布施於清淨戒尊重讚
持忍辱柔和悉皆具足勇猛精進離諸懈怠
尊重修行鮮白靜慮於清淨慧恭敬脩學是
諸菩薩既發無上正等覺心復應精勤脩
學般若波羅蜜多以智慧力伏諸魔衆恒作
是念勿謂惡魔伺求我短作擾亂事由斯力
故令諸惡魔不能得便障所脩學亦令魔
衆不起是心我當伺求此菩薩便為擾亂事障
礙所修設起是心即令自覺我作斯事必遭
大苦由斯發起大恐怖心勿我今時喪失身命
故應息此擾亂之心於是魔軍惡心隱没善
勇猛由此因緣惡魔軍衆不能障礙菩薩所
學甚深般若波羅蜜多復次善勇猛若諸菩
薩聞說般若波羅蜜多起純淨欲增上意樂
深心尊重稱讚功德起大師想聞說六種波

薩聞說般若波羅蜜多甚深經典起上意樂
深心尊重稱讚功德起大師想聞說六種波
羅蜜多相應法教亦不發起猶豫疑惑聞甚
深法心不迷謬亦復不起猶豫疑惑終不造
作感遺法業亦不發起感匱法心勸導無量
無邊有情信受修學甚深般若波羅蜜多
讚勵無量無邊有情亦令信受修學六種波
羅蜜多是諸菩薩先意樂淨一切意樂皆無
雜染諸惡魔軍不能障礙伺求其便亦不能得
衆魔事業皆能覺知一切惡魔不能引奪
不隨魔力自在而行善勇猛由此因緣是諸
菩薩惡魔眷屬不能擾亂
復次善勇猛若諸菩薩修行般若波羅蜜多
不行色合相不行色離相不行受想行識合
相不行受想行識離相不行眼合相不行眼

味觸法合相不行聲香味觸法離相不行眼
識合相不行眼識離相不行耳鼻舌身意識
合相不行耳鼻舌身意識離相不行色相合
離相不行受想行識相合離相不行眼相合
離相不行耳鼻舌身意相合離相不行色相
合離相不行聲香味觸法相合離相不行眼
識相合離相不行耳鼻舌身意識相合離相
不行色清淨不清淨相不行受想行識清淨
不清淨相不行眼清淨不清淨相不行耳鼻
舌身意清淨不清淨相不行色清淨不清淨
相不行聲香味觸法清淨不淨相不行眼
識清淨不清淨相不行耳鼻舌身意識清淨
不清淨相不行緣色清淨不清淨相不行緣
受想行識清淨不清淨相不行緣眼清淨不
清淨相不行緣耳鼻舌身意清淨不清淨相

受想行識清淨不清淨相不行緣眼清淨不
清淨相不行緣耳鼻舌身意清淨不清淨相
不行緣色清淨不清淨相不行緣聲香味觸
法清淨不清淨相不行緣眼識清淨不清淨
相不行緣耳鼻舌身意識清淨清淨相不
行起色清淨不清淨合離相不行起受想行
識清淨不清淨合離相不行起眼清淨不清
淨合離相不行起耳鼻舌身意清淨不清淨
合離相不行起色清淨不清淨合離相不行
起聲香味觸法清淨不清淨合離相不行起
眼識清淨不清淨合離相不行起耳鼻舌身
意識清淨不清淨合離相不行緣色自性清
淨不淨清合離相不行緣受相行識自性清
淨不清淨合離相不行緣眼自性清淨不清

離相不行緣聲香味觸法自性清淨不清淨
合離相不行緣眼識自性清淨不清淨合離
相不行緣耳鼻舌身意識自性請淨不清淨
合離相不行色本性清淨不清淨合離相不
行受想行識本性清淨不清淨合離相不行
眼本性清淨不清淨合離相不行耳鼻舌身
意本性清淨不清淨合離相不行色本性清
淨不清淨合離相不行聲香味觸法本性清
淨不清淨合離相不行眼識本性清淨不清
淨合離相相不行耳鼻舌身意識本性清淨不
清淨合離相不行緣色本性清淨不清淨合
離相不行緣受想行識本性清淨不清淨合
離相不行緣眼本性清淨不清淨合離相不
行緣耳鼻舌身意本性清淨不清淨合離相
不行緣色本性清淨不清淨合離相行緣

不行緣色本性清淨不清淨合離相行緣
聲香味觸法本性清淨不清淨合離相不行
緣眼識本性清淨不清淨合離相不行緣耳
鼻舌身意識本性清淨不清淨合離相不行
色過去未来現在清淨不清淨合離相不行
受想行識過去未来現在清淨不清淨合離
相不行眼過去未来現在清淨不淨清合離
相不行耳鼻舌身意過去未来現在清淨不
清淨合離相不行色過去未来現在清淨不
清淨合離相不行聲香味觸法過去未来現
在清淨不清淨合離相不行眼識過去未来
現在清淨不清淨合離相不行耳鼻舌身意
識過去未来現在清淨不清淨合離相不行
緣色過去未来現在清淨不清淨合離相不

淨合離相不行緣耳鼻舌身意過去未來現
在清淨不清淨合離相不行緣色過去未來
現在清淨不清淨合離相不行緣聲香味觸
法過去未來現在清淨不清淨合離相不行
緣眼識過去未來現在清不清淨合離相
不行緣耳鼻舌身意識過去未來現在清淨
不清淨合離相善勇猛若諸菩薩能如是行
則不與色若合若離亦不與受想行識若合
若離不與眼若合若離亦不與耳鼻舌身意
若合離不與色若合若離亦不與聲香味
觸法若合若離不與眼識若合離亦不與
耳鼻舌身意識若合若離不與色色若合若
離不與顛倒見趣諸善及諸受行若合若離

尒時阿難白佛言世尊

尒尒尒尒尒

丹

尒尒尒尒尒尒時難白佛言世尊四[illegible]太子人[illegible]

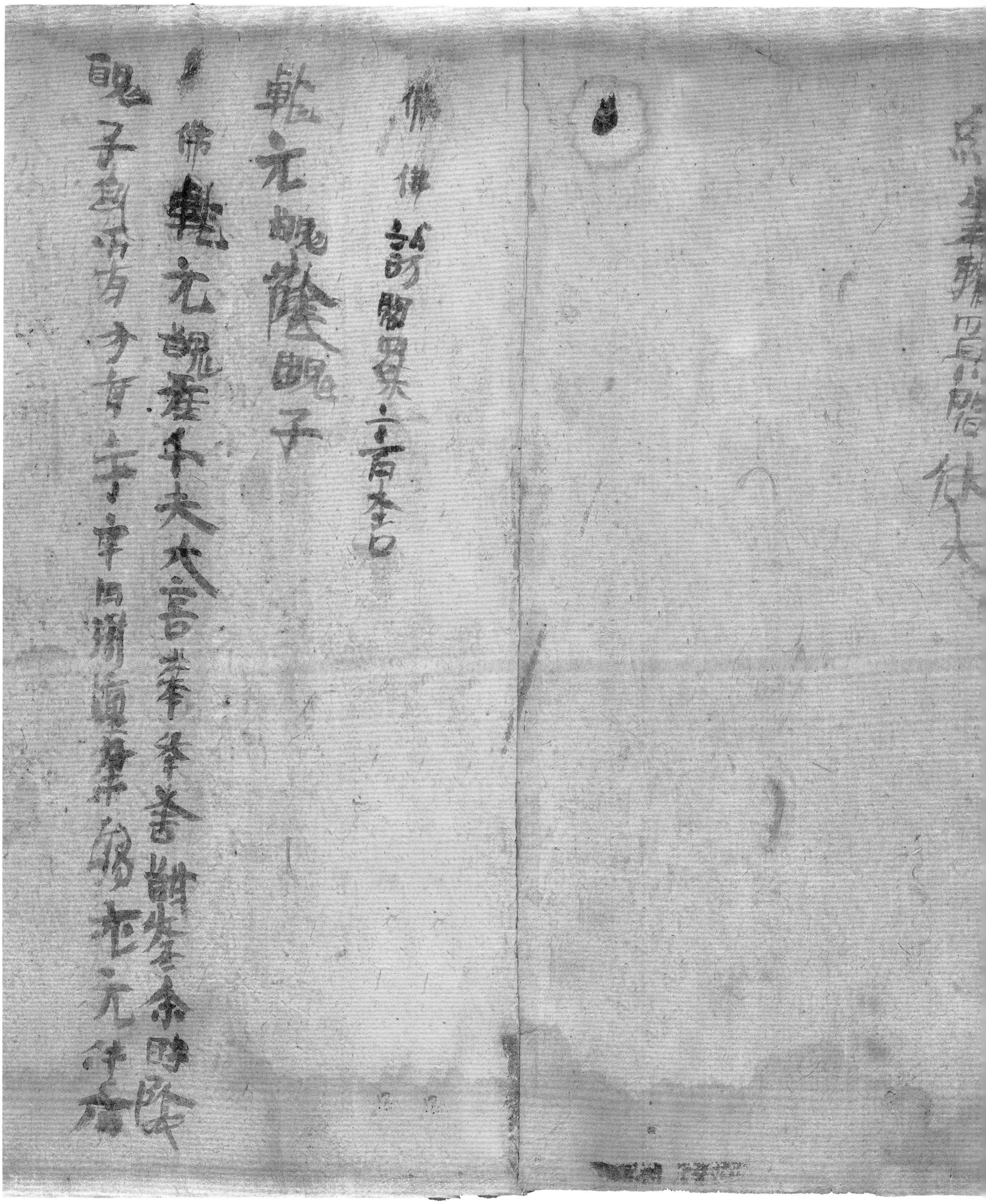

BD00281v　雜寫

BD00282 大方廣佛華嚴經卷七六

（唐）實叉難陀 譯

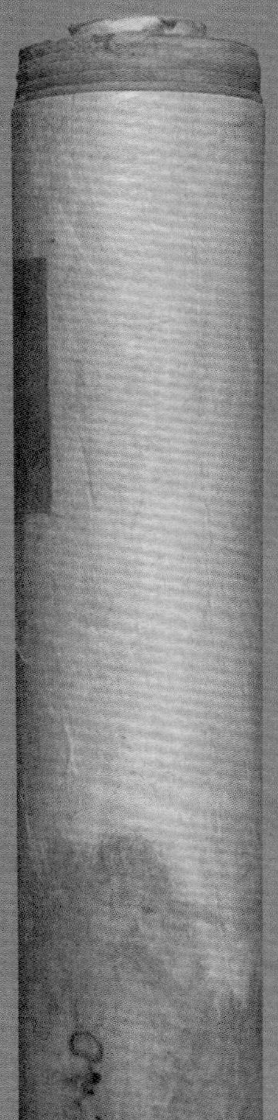

784.3cm × 25.3cm

心城謂深信一切佛
謂大慈普及一切世間
集衆善法以覆其上應
一切衆生應開心城
施應密護心城謂防
嚴肅心城謂逐諸惡法
集一切智助道之法恒
正念三世一切如來所
城謂明達一切佛正法輪
修多羅中所
種種緣起應部分心
城謂普曉示一切衆生皆令得見薩婆若道
應住持心城謂發一切三世如來諸大願海
應富實心城謂集一切周遍法界大福德聚
應令心城明了謂普知衆生根欲等法應令

知一切法皆無有性應知心城如幻謂以一切
智了諸法性佛子菩薩摩訶薩若能如
是淨修心城則能積集一切善法何以故蠲
除一切諸障難故所謂見佛障聞法障供養
如來障攝諸衆生障淨佛國土障善男子菩
薩摩訶薩以離如是諸障難故若發希求善
知識心不用功力則便得見乃至究竟必當成
佛尒時有身衆神名蓮花法德及妙花光
明無量諸神前後圍繞從道場出住虛空中
於善財前以妙音聲種種稱歎摩耶夫人從其
耳璫放無量色相光明網普照無邊諸佛世
界令善財見十方國土一切諸佛其光明網右
繞世間經一帀已然後還來入善財頂乃至
遍入身諸毛孔善財即得淨光明眼永離一

遍入身諸毛孔善財即得淨光明眼永離一
切愚癡闇故得離翳眼能了一切衆生性故
得離垢眼能觀一切法性門故得淨慧眼能
觀一切佛國性故得毗盧遮那眼見佛法身
故得普光明眼見佛平等不思議身故得無
礙光眼觀察一切刹海成壞故得普照眼見
十方佛起大方便轉正法輪故得普境界眼
見無量佛以自在力調伏衆生故得普見
眼觀一切刹諸佛出興故時有守護菩薩法
堂羅刹鬼王名曰善眼與其眷屬萬羅刹俱
於虛空中以衆妙花散善財上作如是言善
男子菩薩成就十法則得親近諸善知識何
等爲十所謂其心清淨離諸諂誑大悲平等
普攝衆生知諸衆生無有真實趣一切智心

明廓諸妄境以甘露雨滅生死熱以廣大眼徹
鑒諸法心常隨順諸善知識是爲十復次佛
子菩薩成就十種三昧門則常現見諸善知
識何等爲十所謂法空清淨輪三昧觀察十
方海三昧於一切境界不捨離不缺減三昧普
見一切佛出興三昧集一切功德藏三昧心
恒不捨善知識三昧常見一切善知識生
諸佛功德三昧常不離一切善知識三昧常
供養一切善知識三昧常於一切善知識所
無過失三昧佛子菩薩成就此十三昧門
常得親近諸善知識又得善知識轉一切佛
法輪三昧得此三昧已悉知諸佛體性平等
處處值遇諸善知識說是語時善財童子
仰視空中而荅之言善哉善哉汝爲哀愍攝

仰視空中而荅之言善哉善哉汝為哀愍攝
受我故方便教我見善知識願為我說去何往
詣善知識所於何方處城邑聚落求善知識
羅剎荅言善男子汝應普禮十方求善知識
正念思惟一切境界求善知識勇猛自在遍遊十
方求善知識觀身觀心如夢如影求善知識
尒時善財受行其教即時覩見大寶蓮花從
地踊出金剛為莖妙寶為藏摩尼為葉光
明寶王以為其臺眾寶色香以為其鬚無數
寶網弥覆其上於其臺上有一樓觀名普納
十方法界藏奇妙嚴飾金剛為地千柱行列
一切皆以摩尼寶成閻浮檀金以為其壁眾
寶瓔珞四面垂下階陛欄楯周帀莊嚴其樓
觀中有如意寶蓮花之座種種眾寶以為嚴
飾妙寶欄楯寶衣間列寶帳寶網

寶花幢中雨衆妙花寶鈴鐸中出美音聲
寶戶牖閒垂諸纓絡摩尼身中流出香水寶象口
中出蓮花網寶師子口吐妙香雲梵形寶輪
出隨樂音金剛寶鈴出諸菩薩大願之音寶
月幢中出佛化形淨藏寶王現三世佛受生次
苐日藏摩尼放大光明遍照十方一切佛刹
摩尼寶王放一切佛圓滿光明毗盧遮那
摩尼寶王興供養雲供養一切諸佛如來如
意珠王念念示現普賢神變充滿法界須彌
寶王出天宮殿天諸采女種種妙音歌讚如來
不可思議微妙功德尒時善財見如是座復
有無量衆座圍繞摩耶夫人在彼座上於
一切衆生前現淨色身所謂超三界色身已
出一切諸有趣故隨心樂色身於一切世間無

出一切諸有趣故隨心樂色身於一切世間無
所著故普周遍色身等於一切衆生數故無
等比色身令一切衆生滅倒見故無量種
色身隨衆生心種種現故無邊相色身普現
種種諸形相故普對現色身以大自在而示
現故化一切色身隨其所應而現前故恒示
現色身盡衆生界而無盡故無去色身於一
切趣無所滅故無來色身於諸世間無所出
故不生色身無生起故不滅色身離語言故非
實色身得如實故非虛色身隨世現故無動
色身生滅永離故不壞色身法性不壞故無相
色身言語道斷故一相色身無相爲相故
如像色身隨心應現故如幻色身幻智所生
故如燄色身但想所持故如影色身隨願

念念周遍法界故無邊色身普淨一切衆生
故無量色身超出一切語言故無住色身願
度一切世間故無處色身恒化衆生不斷故
無生色身幻願所成故無勝色身超諸世間故
如寶色身定心所現故不生色身隨衆生業
而出現故如意珠色身普滿一切衆生願
故無分別色身但隨衆生分別起故離分別
色身一切衆生不能知故無盡色身盡諸衆
生生死際故清淨色身同於如來無分別故如
是身者非色所有色相如影像故非受世間苦
受究竟滅故非想但隨衆生想所現故非行
依如幻業而成就故離識菩薩願智空無性
故一切衆生語言斷故已得成就寂滅身故
尒時善財童子又見摩耶夫人隨諸衆生心

尒時善財童子又見摩耶夫人隨諸衆生心
之所樂現超過一切世間色身所謂或現超
過他化自在天女身乃至超過四大天王天女身
或現超過龍女身乃至超過人女身
現如是等無量色身饒益衆生集一切
智助道之法行於平等檀波羅蜜大悲普覆
一切世間出生如來無量功德修習增長
一切智心觀察思惟諸法實性獲深忍海具
衆定門住於平等三昧境界得如來定圓滿
光明銷竭衆生煩惱巨海心常正定未嘗動
亂恒轉清淨不退法輪善能了知一切佛法
恒以智慧觀法實相見諸如來心無猒足知
三世佛出興次第見佛三昧常現在前了達
如來出現於世無量無數諸清淨道行於諸

[illegible]
竟調伏一切衆生心恒遍入諸佛境界出生
菩薩自在神力已得法身清淨無染而恒示
現無量色身摧一切魔力成大善根力出生
正法力具足諸佛力得諸菩薩自在之力速
疾增長一切智力得佛智光普照一切悉知
無量衆生心海根性欲解種種差別其身普
遍十方剎海悉知諸剎成壞之相以廣大眼
見十方海以周遍智知三世海身普承事一
切佛海心恒納受一切法海修習一切如來功德
出生一切菩薩智慧常樂觀察一切菩薩
從初發心乃至成就所行之道常勤守護一
切衆生常樂稱揚諸佛功德願爲一切菩
薩之母尒時善財童子見摩耶夫人現如是
等閻浮提微塵數諸方便門既見是已如摩

菩閻浮提微塵數諸方便門既見是已如摩
耶夫人所現身數善財亦現住尒許身於一
切處摩耶之前恭敬礼拜即時證得無量無
數諸三昧門分別觀察修行證入從三昧起
右繞摩耶并其眷屬合掌而立白言大聖文
殊師利菩薩教我發阿耨多羅三藐三菩提
心求善知識親近供養我於一一善知識所
皆往承事無空過者漸來至此願為我說菩
薩云何學菩薩行而得成就荅言佛子我已
成就菩薩大願智幻解脫門是故常為諸菩
薩母佛子如我於此閻浮提中迦羅城淨飯
王家右脇而生悉達太子現不思議自在神
變如是乃至盡此世界海所有一切毗盧遮
那如來皆入我身示現誕生自在神變又善

生功德輪一一毛孔皆現不可說不可說佛
刹微塵數菩薩受生莊嚴彼諸光明皆悉
普照一切世界照世界已來入我頂乃至一切
諸毛孔中又彼光中普現一切菩薩名号受
生神變宮殿眷屬五欲自娛又見出家往
詣道場成等正覺坐師子座菩薩圍繞諸
王供養為諸大衆轉正法輪又見如來往昔
修行菩薩道時於諸佛所恭敬供養發菩提心
淨佛國土念念示現無量化身充遍十方一
切世界乃至最後入般涅槃如是等事靡不
皆見又善男子彼妙光明入我身時我身形
量雖不踰本然其實已超諸世間所以者何
我身尒時量同虛空悉能容受十方菩薩受
生莊嚴諸宮殿故尒時菩薩從兜率天將降

生莊嚴諸宮殿故尒時菩薩從兜率天將降
神時有十佛刹微塵數諸菩薩皆與菩薩同
願同行同善根同莊嚴同解脫同智慧諸地
諸力法身色身乃至普賢神通行願悉皆同
等如是菩薩前後圍繞又有八萬諸龍王等
一切世主乘其宮殿俱來供養菩薩尒時以
神通力與諸菩薩普現一切兜率天宮一一
宮中悉現十方一切世界閻浮提內受生影像
方便教化無量衆生令諸菩薩離諸懈怠
無所執着又以神力放大光明普照世間破
諸黑闇滅諸苦惱令諸衆生皆識宿世所有
業行永出惡道又爲救護一切衆生普現其
前作諸神變現如是等諸奇特事與眷屬俱
來入我身彼諸菩薩於我腹中遊行自在或

十方不可說不可說一切世界諸如來所菩薩
衆會及四天王天三十三天乃至色界諸梵
天王欲見菩薩處胎神變恭敬供養聽
受正法皆入我身雖我腹中悉能容受如是衆
會而身不廣大亦不迫窄其諸菩薩各見自
處衆會道場清淨嚴飾善男子如此四天下
閻浮提中菩薩受生我爲其母三千大千世
界百億四天下閻浮提中悉亦如是然我此身
本來無二非一處住非多處住何以故以脩菩
薩大願智幻莊嚴解脫門故善男子如今
世尊我爲其母往昔所有無量諸佛悉亦如
是而爲其母善男子我昔曾作蓮花池神時
有菩薩於蓮花藏忽然化生我即捧持瞻侍
養育一切世間皆共号我爲菩薩母又我昔

BD00282　大方廣佛華嚴經卷七六

養育一切世間皆共号我為菩薩母又我昔
為菩提場神時有菩薩於我懷中忽然化生
世亦号我為菩薩母善男子有無量冣後身
菩薩於此世界種方便亦現受生我皆為母
善男子如此世界賢劫之中過去世時拘
留孫佛拘那含牟尼佛迦葉佛及今世尊
釋迦牟尼佛現受生時我為其母未世中弥勒
菩薩從兜率天將降神時放大光明普照
法界示現一切諸菩薩衆受生神變乃於人
間生大族家調伏衆生我於彼時亦為其母
如是次第有師子佛法幢佛善眼佛淨花佛
花德佛提舍佛弗沙佛善意佛金剛佛離
垢佛月光佛持炬佛名稱佛金剛楯佛清淨
義佛紺身佛到彼岸佛寶焰山佛持炬佛蓮

邊音佛勝怨敵佛離疑惑佛清淨佛大光佛淨
心佛雲德佛莊嚴頂髻佛樹王佛寶瓔佛海
慧佛妙寶佛花冠佛滿願佛大自在佛妙德
王佛最尊勝佛旃檀雲佛紺眼佛勝慧佛觀
察慧佛熾盛王佛堅固慧佛自在名佛師子
王佛自在佛最勝頂佛金剛智山佛妙德藏
佛寶網嚴身佛善慧佛自在天佛大天王佛
無依德佛善施佛燄慧佛水天佛得上味佛
出生無上功德佛仙人侍衛佛隨世語言佛
功德自在幢佛光幢佛觀身佛妙身佛香燄
佛金剛寶嚴佛喜眼佛離欲佛高大身佛財
天佛無上天佛順寂滅佛智覺佛滅貪佛大
燄王佛寂諸有佛毗舍佉天佛金剛山佛智
燄德佛安隱佛師子出現佛圓滿清淨佛清

觖德佛安隱佛師子出現佛圓滿清淨佛清
淨賢佛第一義佛百光明佛最增上佛深自
在佛大地王佛莊嚴王佛解脫佛妙音佛殊勝
佛自在佛無上聲王佛功德月佛無礙光佛
佛功德聚佛月現佛日天佛出諸有佛勇猛
名稱佛光明門佛娑羅王佛最勝佛藥王佛
寶勝佛金剛慧佛無能勝佛無能暎蔽佛
佛衆會王佛大名稱佛敬持佛無量光佛大願光
佛法自在不虛佛不退地佛淨天佛善天佛
堅固普行佛一切善友佛解脫音佛遊戲王
佛滅邪曲佛瞻蔔淨光佛具衆德佛最勝月
佛執明炬佛殊妙身佛不可說佛最清淨佛
友安衆生佛無量光佛無畏音佛水天德佛
不動慧光佛花勝佛月觖佛不退慧佛離愛

[illegible]
不着相佛離分别海佛端嚴海佛須弥山佛
無着智佛無邊座佛清淨住佛隨師行佛
最上施佛常月佛饒益王佛不動聚佛普攝
受佛饒益慧佛持壽佛無滅佛具足名稱佛
大威力佛種種色相佛無相慧佛不動天佛妙
德難思佛滿月佛解脫月佛無上王佛希有
身佛梵供養佛不瞬佛順先古佛最上業佛
順法智佛無勝天佛不思議功德光佛隨法
行佛無量賢佛普隨順自在佛最尊天佛
如是乃至樓至如來在賢劫中於此三千大千
世界當成佛者悉為其母如於此三千大千
世界如是於此世界海十方無量諸世界一切
劫中諸有修行普賢行願為化一切諸衆生
者我自見身悉為其母尒時善財童子白

者我自見身悉為其母尒時善財童子白
摩耶夫人言大聖得此解脫經今幾時荅言
善男子乃往古世過不可思議非冣後身菩
薩神通道眼所知劫數尒時有劫名淨光世
界名須弥德雖有諸山五趣雜居然其國土
衆寶所成清淨莊嚴無諸穢惡有千億四天
下有一四天下名師子幢於中有八十億王城有
一王城名自在幢有轉輪王名大威德彼王
城北有一道場名滿月光明其道場神名曰
慈德時有菩薩名離垢幢坐於道場將成
正覺有一惡魔名金色光與其眷屬無量
衆俱至菩薩所彼大威德轉輪聖王已得菩
薩神通自在化作兵衆其數倍多圍繞道場諸
魔惶怖悉自奔散故彼菩薩得成阿耨多羅
三藐三菩提時……場神……歡……

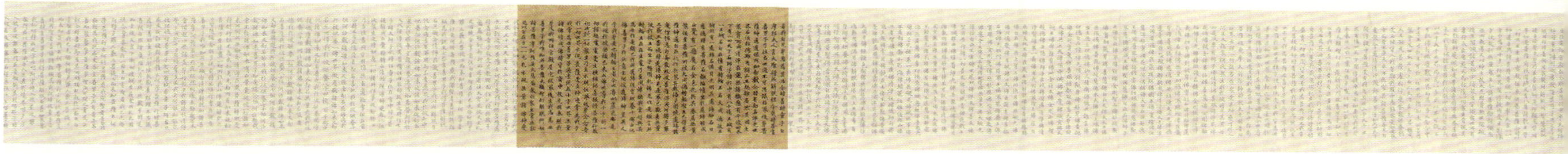

轉輪王在在生處乃至成佛願我常得與其
為母作是願已於此道場復曾供養十那由他
佛善男子於汝意云何彼道場神豈異人
乎我身是也轉輪王者今世尊毗盧遮那是
我從於彼發願已來此佛世尊於十方剎一
切諸趣處處受生種種諸善根修菩薩行教
化成就一切衆生乃至示現住最後身念念普
於一切世界示現菩薩受生神變常為我子
我常為母善男子過去現在十方世界無量
諸佛將成佛時皆於齊中放光明來照我
身及我所住宮殿屋宅彼最後生我悉為母
善男子我唯知此菩薩大願智幻解脫門如
諸菩薩摩訶薩具大悲藏教化衆生常無猒
足以自在力一一毛孔示現無量諸佛神變

BD00282　大方廣佛華嚴經卷七六

足以自在力一一毛孔示現無量諸佛神變
我今云何能知能說彼功德行善男子於此
世界三十三天有王名正念其王有女名天主
光汝詣彼問菩薩云何學菩薩行修菩薩道
時善財童子敬受其教頭面作礼繞無數帀
戀慕瞻仰却行而退遂往天宮見彼天女礼
足圍繞合掌前住白言聖者我已先發阿耨多
羅三藐三菩提心而未知菩薩云何學菩
薩行云何修菩薩道我聞聖者善能誘誨
願為我說天女荅言善男子我得菩薩解脫
名無礙念清淨莊嚴善男子我以此解脫力
憶念過去有冣勝劫名青蓮花我於彼劫中
供養恒河沙數諸佛如來彼諸如來從初出
家我皆瞻奉守護供養造僧伽藍營辦什物

提樹成正覺時轉正法輪現佛神變教化調
伏衆生之時如是一切諸所作事從初發心
乃至法盡我皆明憶無有遺餘常現在前
念持不忘又憶過去劫名善地我於彼供養十
恒河沙數諸佛如來又過去劫名為妙德我
於彼供養一佛世界微塵數諸佛如來又劫
名無所得我於彼供養八十四億百千那由
他諸佛如來又劫名善光我於彼供養閻浮
提微塵數諸佛如來又劫名無量光我於彼
供養二十恒河沙數諸佛如來又劫名最勝
德我於彼供養一恒河沙數諸佛如來又劫
名善悲我於彼供養八十恒河沙數諸佛如來
又劫名勝遊我於彼供養六十恒河沙數諸
佛如來又劫名妙月我於彼供養七十恒河沙

佛如来又劫名妙月我於彼供養七十恒河沙
數諸佛如来善男子如是憶念恒河沙劫我
常不捨諸佛如来應正等覺從彼一切諸如
来所聞此無礙念清淨莊嚴菩薩解脫受
持修行恒不忘失如是先劫所有如来從初
菩薩乃至法盡一切所作我以淨嚴解脫之
力皆隨憶念明了現前持而順行曾無懈廢
善男子我唯知此無礙念清淨解脫如諸菩
薩摩訶薩出生死夜朗然明徹永離癡冥未
嘗惛寐心無諸蓋身行輕安於諸法性清淨
覺了成就十力開悟群生而我云何能知能說
彼功德行善男子迦毗羅城有童子師名曰
遍友汝詣彼問菩薩云何學菩薩行修菩
道時善財童子以聞法故歡喜踊躍不思議

繞合掌恭敬於一面立白言聖者我已先發
阿耨多羅三藐三菩提心而未知菩薩云何
學菩薩行云何修菩薩道我聞聖者善能誘
誨願爲我說徧友荅言善男子此有童子名
善知衆藝學菩薩字智汝可問之當爲汝
說尒時善財即至其所頭頂礼敬於一面立白
言聖者我已先發阿耨多羅三藐三菩提心
而未知菩薩云何學菩薩行云何修菩薩道
我聞聖者善能誘誨願爲我說時彼童子告
善財言善男子我得菩薩解脫名善知衆藝
我恒唱持此之字母唱阿字時入般若波羅
蜜門名以菩薩威力入無差別境界唱多字
入般若波羅蜜門名普輪斷差別唱那字時
入般若波羅蜜門名得無依無上唱邏字時

入般若波羅蜜門名得無依無上唱邏字時
入般若波羅蜜門名離依止無垢唱拖音輕呼字時
入般若波羅蜜門名不退轉方便唱婆音蒲我反
字時入般若波羅蜜門名金剛場唱荼音徒解反
字時入般若波羅蜜門名曰普輪唱沙音史我反
字時入般若波羅蜜門名為海藏唱縛音房可反
字時入般若波羅蜜門名普生安住唱哆音都
我反字時入般若波羅蜜門名圓滿光唱也音以
可反字時入般若波羅蜜門名差別積聚唱瑟
吒字時入般若波羅蜜門名普光明息煩惱
唱迦字時入般若波羅蜜門名無差別雲唱
娑音蘇我反字時入般若波羅蜜門名降霔大
雨唱麼字時入般若波羅蜜門名大流湍激衆
峯齊峙唱伽音上聲輕呼字時入般若波羅蜜門

名入世間海清淨唱鎖字時入般若波羅蜜
門名念一切佛莊嚴唱柂字時入般若波羅蜜
門名觀察簡擇一切法聚唱奢(音尸苛反)字時
入般若波羅蜜門名隨順一切佛教輪光明
唱佉字時入般若波羅蜜門名修因地智慧
藏唱叉(楚我反)字時入般若波羅蜜門名息諸
業海藏唱娑(蘇紇反)多(音上聲)字時入般若波羅蜜
門名蠲諸惑障開淨光明唱壤字時入般若波
羅蜜門名作世間智慧門唱曷攞多(音上聲)字
時入般若波羅蜜門名生死境界智慧輪唱
婆(音蒲我反)字時入般若波羅蜜門名一切宮殿
圓滿莊嚴唱車(上聲)字時入般若波羅蜜門
名修行方便藏各別圓滿唱娑(音蘇訖反)麼字時
入般若波羅蜜門名隨十方現見諸佛唱

入般若波羅蜜門名隨十方現見諸佛唱
訶婆訶婆字並上聲呼之字時入般若波羅蜜門名觀察
一切無緣衆生方便攝受令出生無礙力唱縒
音七可反字時入般若波羅蜜門名修行趣入一
切功德海唱伽上聲字時入般若波羅蜜門名
持一切法雲堅固海藏唱吒字時入般若波羅
蜜門名隨願普見十方諸佛唱拏音妳可反字時
入般若波羅蜜門名觀察字輪有無盡諸
億字唱娑音蘇訖反頗字時入般若波羅蜜門名
化衆生究竟處唱娑同前音迦字時入般若波羅
蜜門名廣大藏無礙辯光明輪遍照唱也
音夷舸反娑音蘇舸字時入般若波羅蜜門名宣說
一切佛法境界唱室者字時入般若波羅
蜜門名於一切衆生界法雷遍吼唱侘音恥加反

輪差別藏善男子我唱如是字母時此四十
二般若波羅蜜門為首入無量無數般若波
羅蜜門善男子我唯唯知此善知衆藝菩薩
解脫如諸菩薩摩訶薩能於一切世出世
間善巧之法以智通達到於彼岸殊方異
藝咸綜無遺文字筭數藴其深解醫方呪
術善療衆病有諸衆生鬼魅所持怨憎呪詛
惡星變怪死屍奔逐癲癎羸瘦種種諸疾
咸能救之使得痊愈又善別知金玉珠貝珊
瑚瑠璃摩尼車渠雞薩羅等一切寶藏出生
之處品類不同價直多少村營鄉邑大小都城
宮殿苑園巖泉藪澤凡是一切人衆所居菩
薩咸能隨方攝護又善觀察天文地理人相
吉凶鳥獸音聲雲霞氣候年穀豊儉國土

吉凶鳥獸音聲雲霞氣候年穀豐儉國土
安危如是世間所有技藝莫不該練盡其源
本又能分別出世之法正名辭義觀察體相
隨順修行智入其中無疑無礙無愚暗無頑
鈍無憂惱無沉沒無不現證而我云何能知
能說彼功德行善男子此摩竭提國有一聚
落彼中有城名婆呾那有優婆夷号曰賢勝
汝詣彼問菩薩云何學菩薩行修菩薩道
時善財童子頭面敬礼知藝之足遶無數帀
戀仰辭去向聚落城至賢勝所礼足圍遶合
掌恭敬於一面立白言聖者我已先發阿耨多
羅三藐三菩提心而未知菩薩云何學菩
薩行云何修菩薩道我聞聖者善能誘誨願
為我說賢勝答言善男子我得菩薩解脫名

眼無盡故又能出生一切智性耳無盡故又能
出生一切智性鼻無盡故又能出生一切智性
舌無盡故又能出生一切智性身無盡故又
能出生一切智性意無盡故又能出生一切
智性功德波濤無盡故又能出生一切智性
智慧光明無盡故又能出生一切智性速疾神
通無盡故善男子我唯知此無依處道場解
脫如諸菩薩摩訶薩一切無著功德行而我
云何盡能知說善男子南方有城名為沃田
彼有長者名堅固解脫汝可往問菩薩云
何學菩薩行修菩薩道尒時善財禮賢勝足
繞無數帀戀慕瞻仰辭退南行到於彼城詣
長者所禮足圍繞合掌恭敬於一面立白言
聖者我已先發阿耨多羅三藐三菩提心而

聖者我已先發阿耨多羅三藐三菩提心而
未知菩薩云何學菩薩行云何修菩薩道
我聞聖者善能誘誨願為我說長者答言
善男子我得菩薩解脫名無着念清淨莊嚴我
自得是解脫已來於十方佛所勤求正法無有
休息善男子我唯知此無着念淨莊嚴解脫
如諸菩薩摩訶薩獲無所畏大師子吼安住
廣大福智之聚而我云何能知能說彼功德行
善男子即此城中有一長者名為妙月其長
者宅常有光明汝詣彼問菩薩云何學菩
薩行修菩薩道時善財童子礼堅固足繞無數
帀辭退而行向妙月所礼足圍繞合掌恭敬
於一面立白言聖者我已先發阿耨多羅三
藐三菩提心而未知菩薩云何學菩薩行云
何修菩薩道我聞聖者善能誘誨願為我說

明善男子我唯知此智光解脫如諸菩薩摩
訶薩證得無量解脫法門而我云何能知能
說彼功德行善男子於此南方有城名出生
彼有長者名無勝軍汝詣彼問菩薩云何學
菩薩行修菩薩道是時善財禮妙月足繞無
數帀戀仰辭去漸向彼城至長者所禮足圍
繞合掌恭敬於一面立白言聖者我已先發
阿耨多羅三藐三菩提心而未知菩薩云何
學菩薩行云何修菩薩道我聞聖者善能誘
誨願為我說長者荅言善男子我得菩薩解
脫名無盡相我以證此菩薩解脫見無量佛
得無盡藏善男子我唯知此無盡相解脫如
諸菩薩摩訶薩得無限智無礙辯才而我云
何能知能說彼功德行善男子於此城南有

何能知能說彼功德行善男子於此城南有
一聚落名之為法彼聚落中有婆羅門名最
寂靜汝詣彼問菩薩云何學菩薩行修菩薩
道時善財童子禮無勝軍足繞無數帀戀仰
辭去漸次南行詣彼聚落見最寂靜禮足圍
繞合掌恭敬於一面立白言聖者我已先發
阿耨多羅三藐三菩提心而未知菩薩云何
學菩薩行云何修菩薩道我聞聖者善能誘
誨願為我說婆羅門荅言善男子我得菩薩
解脫名誠願語過去現在未來菩薩以是語
故乃至於阿耨多羅三藐三菩提無有退轉
無已退無現退無當退善男子我以住於誠
願語故隨意所作莫不成滿善男子我唯知
此誠語解脫如諸菩薩摩訶薩與誠願語行

有城名妙意花門彼有童子名曰德生復
有童女名爲有德汝詣彼問菩薩云學菩
薩行修菩薩道時善財童子於法尊重禮
婆羅門足繞無數帀戀仰而去

BD00283 妙法蓮華經卷五

（後秦）鳩摩羅什 譯

213cm × 26.1cm

數菩薩　餘各八生在　當得成佛道
二　如是四天下　微塵諸菩薩　隨數生成佛
或一四天下　微塵數菩薩　餘有一生在　當成一切智
如是等眾生　聞佛壽長遠　得无量无漏　清淨之果報
復有八世界　微塵數眾生　聞佛說壽命　皆發无上心
世尊說无量　不可思議法　多有所饒益　如虛空无邊
雨天曼陀羅　摩訶曼陀羅　釋梵如恒沙　无數佛土來
雨栴檀沈水　繽紛而亂墜　如鳥飛空下　供散於諸佛
天鼓虛空中　自然出妙聲　天衣千万種　旋轉而來下
眾寶妙香爐　燒无價之香　自然悉周遍　供養諸世尊
其大菩薩眾　執七寶幡蓋　高妙万億種　次第至梵天
一一諸佛前　寶幢懸勝幡　亦以千万偈　歌詠諸如來
如是種種事　昔所未曾有　聞佛壽无量　一切皆歡喜

佛名聞十方　廣饒益衆生　一切具善根　以助无上心
尒時佛告弥勒菩薩摩訶薩阿逸多其有衆
生聞佛壽命長遠如是乃至能生一念信解
所得功德无有限量若有善男子善女人為
阿耨多羅三藐三菩提於八十万億那由他
劫行五波羅蜜檀波羅蜜尸羅波羅蜜羼提
波羅蜜毗梨耶波羅蜜禪波羅蜜除般若波
羅蜜以是功德比前功德百分千分百千万
億分不及其一乃至筭數譬喻所不能知若
善男子有如是功德於阿耨多羅三藐三菩
提退者无有是處尒時世尊欲重宣此義
而說偈言
若人求佛慧　於八十万億　那由他劫數　行五波羅蜜
於是諸劫中　布施供養佛　及緣覺弟子　并諸菩薩衆

於是諸劫中　布施供養佛　及緣覺弟子　并諸菩薩衆
珎異之飲食　上服與卧具　栴檀立精舍　以園林莊嚴
如是等布施　種種皆微妙　盡此諸劫數　以迴向佛道
若復持禁戒　清淨无缺漏　求於无上道　諸佛之所歎
若復行忍辱　住於調柔地　設衆惡来加　其心不傾動
諸有得法者　懷於增上慢　爲此所輕惱　如是亦能忍
若復勤精進　志念常堅固　於无量億劫　一心不懈息
又於无數劫　住於空閑處　若坐若經行　除睡常攝心
以是因緣故　能生諸禪定　八十億万劫　安住心不亂
持此一心福　願求无上道　我得一切智　盡諸禪定際
是人於百千　万億劫數中　行此諸功德　如上之所說
有善男女等　聞我說壽命　乃至一念信　其福過於彼
若人悉无有　一切諸疑悔　深心須臾信　其福爲如此
其有諸菩薩　无量劫行道　聞我說壽命　是則能信受

如是諸人等　頂受此經典　願我於未来　長壽度衆生
如今日世尊　諸釋中之王　道場師子吼　說法无所畏
我等未来世　一切所尊敬　坐於道場時　說壽亦如是
若有深心者　清淨而質直　多聞能揔持　隨義解佛語
如是諸人等　於此无有疑
又阿逸多若有聞佛壽命長遠解其言趣
是人所得功德无有限量能起如来无上之慧
何況廣聞是經若教人聞若自持若教人持
若自書若教人書若以華香瓔珞幢幡繒蓋
香油蘇燈供養經卷是人功德无量无邊能
生一切種智阿逸多若善男子善女人聞我
說壽命長遠深心信解則為見佛常在耆闍
崛山共大菩薩諸聲聞衆圍繞說法又見此

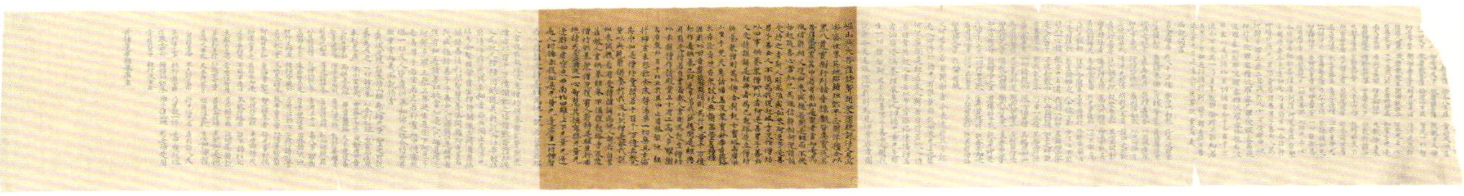

崛山共大菩薩諸聲聞衆圍繞說法又見此
娑婆世界其地瑠璃坦然平正閻浮檀金以
界八道寶樹行列諸臺樓觀皆悉寶成其
菩薩衆咸處其中若有能如是觀者當知是為
深信解相又復如來滅後若聞是經而不毀
呰起隨喜心當知已為深信解相何况讀誦
受持之者斯人則為頂戴如來阿逸多是善
男子善女人不須為我復起塔寺及作僧坊
以四事供養衆僧所以者何是善男子善女
人受持讀誦是經典者為已起塔造立僧坊
供養衆僧則為以佛舍利起七寶塔高廣漸
小至于梵天懸諸幡蓋及衆寶鈴華香瓔珞
末香塗香燒香衆鼓伎樂簫笛箜篌種種
儛戲以妙音聲歌唄讚頌則為於无量千万億

劫作是供養已阿逸多若我滅後聞是經典
有能受持若自書若教人書則為起立僧坊
以赤栴檀作諸殿堂三十有二高八多羅樹
高廣嚴好 百千比丘於其中止園林流池 經
行禪窟衣服飲食床褥湯藥一切樂具充滿
其中如是僧坊堂閣若干百千万億其數无
量以此現前供養於我及比丘僧是故我說
如來滅後若有受持讀誦為他人說若自書
若教人書供養經卷不須復起塔寺及造
僧坊供養衆僧况復有人能持是經兼行布
施持戒忍辱精進一心智慧其德最勝无量无
邊譬如虚空東西南北四維上下无量无邊
是人功德亦復如是无量无邊疾至一切種智

是人功德亦復如是无量无邊疾至一切種智
若人讀誦受持是經爲他人説若自書若教
人書復能起塔及造僧坊供養讃歎聲聞衆
僧亦以百千万億讃歎之法讃歎菩薩功德
又爲他人種種因緣隨義解説此法華經復
能清淨持戒與柔和者而共同止忍辱无
瞋恚念堅固常貴坐禪得諸深定精進勇猛
攝諸善法利根智慧善荅問難阿逸多若
我滅後諸善子子善女人受持讀誦是經典者
復有如是諸善功德當知是人已趣道場近
阿耨多羅三藐三菩提坐道樹下阿逸多
是善男子若坐若立若行處此中便應起
塔一切天人皆應供養如佛之塔尒時世尊

塔一切天人皆應供養如佛之塔尒時世尊
欲重宣此義而說偈言
若我滅度後　能奉持此經　斯人福无量　如上之所說
是則為具足　一切諸供養　以舍利起塔　七寶而莊嚴
表刹甚高廣　漸小至梵天　寶鈴千万億　風動出妙音
又於无量劫　而供養此塔　華香諸瓔珞　天衣衆伎樂
然香油蘇燈　周帀常照明　惡世法末時　能持是經者
則為已如上　具足諸供養　若能持此經　則如佛現在
以牛頭栴檀　起僧坊供養　當有三十二　高八多羅樹
上饌妙衣服　床卧皆具足　百千衆住處　園林諸流池
經行及禪窟　種種皆嚴好　若有信解心　受持讀誦書
若復教人書　及供養經卷　散華香末香　以須曼瞻蔔
阿提目多伽　薰油常然之　如是供養者　得无量功德
如虛空无邊　其福亦如是　況復持此經　兼布施持戒

如虛空无邊　其福亦如是　况復持此經　兼布施持戒
忍辱樂禪定　不瞋不惡口　恭敬於塔廟　謙下諸比丘
遠離自高心　常思惟智慧　有問難不瞋　隨順為解說
若能行是行　功德不可量　若見此法師　成就如是德
應以天華散　天衣覆其身　頭面接足禮　生心如佛想
又應作是念　不久詣道樹　得无漏无為　廣利諸人天
其所住止處　經行若坐臥　乃至說一偈　是中應起塔
莊嚴令妙好　種種以供養　佛子住此地　則是佛受用
常在於其中　經行及坐臥

妙法蓮華經卷第五

BD00284 妙法蓮華經卷四

（後秦）鳩摩羅什 譯

138cm × 25.7cm

佛坐其上　光明嚴飾　如夜闇中　然大炬火
身出妙香　遍十方國　衆生蒙薰　喜不自勝
譬如大風　吹小樹枝　以是方便　令法久住
告諸大衆　我滅度後　誰能護持　讀誦斯經
今於佛前　自說誓言　其多寶佛　雖久滅度
以大誓願　而師子吼　多寶如來　及與我身
所集化佛　當知此意　諸佛子等　誰能護法
當發大願　令得久住　其有能護　此經法者
則為供養　我及多寶　此多寶佛　處於寶塔
常遊十方　為是經故　亦復供養　諸來化佛
莊嚴光飾　諸世界者　若說此經　則為見我
多寶如來　及諸化佛　諸善男子　各諦思惟
此為難事　宜發大願　諸餘經典　數如恒沙

无數佛土　亦未為難　若以足指　動大千界
遠擲他國　亦未為難　若立有頂　為衆演說
无量餘經　亦未為難　若佛滅後　於惡世中
能說此經　是則為難　假使有人　手把虛空
而以遊行　亦未為難　於我滅後　若自書持
若使人書　是則為難　若以大地　置足甲上
昇於梵天　亦未為難　佛滅度後　於惡世中
暫讀此經　是則為難　假使劫燒　擔負乾草
入中不燒　亦未為難　我滅度後　若持此經
為一人說　是則為難　若持八万　四千法藏
十二部經　為人演說　令諸聽者　得六神通
雖能如是　亦未為難　於我滅後　聽受此經
問其義趣　是則為難　若人說法　令千万億
无量无數　恒沙衆生　得阿羅漢　具六神通
雖有是益　亦未為難　於我滅後　若能奉持

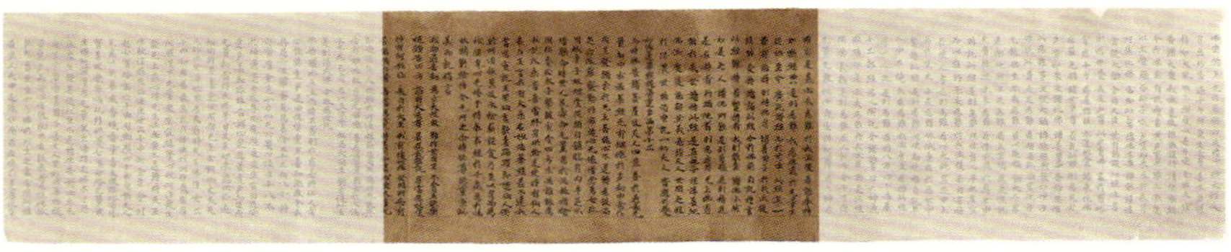

雖有是益　亦未爲難　於我滅後　若能奉持
如斯經典　是則爲難　我爲佛道　於无量土
從始至今　廣說諸經　而於其中　此經第一
若有能持　則持佛身　諸善男子　於我滅後
誰能受持　讀誦此經　今於佛前　自說誓言
此經難持　若暫持者　我則歡喜　諸佛亦然
如是之人　諸佛所歎　是則勇猛　是則精進
是名持者　行頭陁者　則爲疾得　无上佛道
能於來世　讀持此經　是真佛子　住淳善地
佛滅度後　能解其義　是諸天人　世間之眼
於恐畏世　能須臾說　一切天人　皆應供養

妙法蓮華經提婆達多品第十二

尒時佛告諸菩薩及天人四衆　吾於過去无
量劫中求法華經无有懈惓　於多劫中常作

足六波羅蜜勤行布施心无悋惜象馬七珍

國城妻子奴婢僕從頭目髓腦身肉手足不

惜軀命時世人民壽命无量為於法故捐捨

國位委政太子擊鼓宣令四方求法誰能為

我說大乘者吾當終身供給走使時有仙人

来白王言我有大乘名妙法華經若不違我

當為宣說王聞仙言歡喜踊躍即隨仙人供

給所須採菓汲水拾薪設食乃至以身而為

牀座身心无惓于時奉事經於千歲為於法

故精勤給侍令无所乏尒時世尊欲重宣此

義而說偈言

我念過去劫　為求大法故　雖作世國王　不貪五欲樂

椎鍾告四方　誰有大法者　若為我解說　身當為奴僕

時有阿私仙　来白於大王　我有微妙法　世間所希有

若能脩行者　吾當為汝說　時王聞仙言　心生大喜悅

若能脩行者　吾當爲汝說　時王聞仙言　心生大喜悅
即便隨仙人　供給於所須　採薪及菓蓏　隨時恭敬與
情存妙法故　身心无懈惓　普爲諸衆生　勤求於大法
亦不爲己身　及以五欲樂　故爲大國王　勤求獲此法
遂到得成佛　今故爲汝說
佛告諸比丘　尒時王者　則我身是　時仙人者
今提婆達多是　由提婆達多善知識故　令我
具足六波羅蜜　慈悲喜捨　三十二相　八十種
好　紫磨金色　十力　四无所畏　四攝法　十八不
共　神通道力　成等正覺　廣度衆生　皆因提婆
達多善知識故　告諸四衆　提婆達多却後過
无量劫　當得成佛　號曰天王如來　應供　正遍
知　明行足　善逝　世間解　无上士　調御丈夫　天
人師　佛世尊　世界名天道　時天王佛住　世二

發无上道心得无生法忍至不退轉時天王
佛般涅槃後正法住世二十中劫全身舍利
起七寶塔高六十由旬縱廣四十由旬諸天人
民悉以新華末香燒香塗香衣服瓔珞幢幡
寶蓋伎樂歌頌礼拜供養七寶妙塔无量衆
生得阿羅漢果无量衆生悟辟支佛不可思
議衆生發菩提心至不退轉佛告諸比丘未
來世中若有善男子善女人聞妙法華經提
婆達多品淨心信敬不生疑惑者不墮地獄
餓鬼畜生生十方佛前所生之處常聞此經
若生人天中受勝妙樂若在佛前蓮華化生

BD00285 大般涅槃經卷二三

（北凉）曇無讖 譯

649cm × 26cm

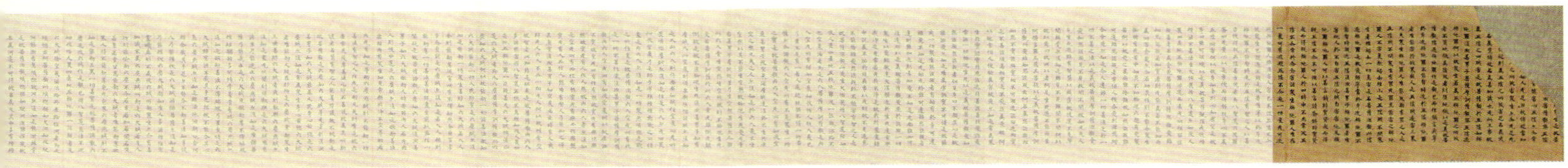

衆生是故菩
次菩薩觀察五陰
常懷害心五陰亦爾常
如人无足刀杖侍從當知
之所致害衆生亦爾无足无
侍從則為五陰之所致害是名為惡
名為慧侍從名為善知識也无此三事故
為五陰之所賊害是故菩薩觀於五陰如栴
陁羅復次善男子菩薩摩訶薩觀察五陰過
栴陁羅何以故衆生若為五栴陁羅之所致
者不墮地獄為陰致者則墮地獄以是義故菩
薩觀陰過栴陁羅作是觀已而作願言我寧

者不能害於欲界衆人是五陰賊遍害三
凡夫衆生栴陁羅人唯能致勠有罪之人是
五陰賊不問衆生有罪无罪悉能害之栴陁
羅人不害襄老婦女稚小是五陰賊不問衆
生老稚婦女一切悉害是名菩薩深觀此陰
過栴陁羅是故發願寧當終身近栴陁羅不
能暫時親近五陰復次善男子栴陁羅者唯
害他人終不自害五陰之賊自害害他及栴
陁羅栴陁羅人可以善言錢財寶貨求而得
脫五陰不尒不可強以善言請俞錢財寶貨
求而得脫栴陁羅人於四時中不必常致五
陰不尒常於念念害諸衆生栴陁羅人唯在
一處可有逃避五陰不尒遍一切處无可逃

一處可有逃避五陰不尒遍一切處无可逃
避栴陀羅人雖復害人害已不隨五陰不尒
殺衆生已隨逐不離是故菩薩寧以終身近
栴陀羅不能暫時近於五陰有智之人以善
方便得脫五陰善方便者即八聖道六波羅
蜜四无量心以是方便而得解脫身心不爲
五陰所害何以故身如金剛心如虛空是故
身心難可沮壞以是義故菩薩觀陰成就種
種諸不善法生大怖畏脩八聖道亦如彼人
畏四毒虵五栴陀羅涉道而去无所顧留詐
親善者名爲貪愛菩薩摩訶薩深觀愛結
如怨詐親若知實者則无能爲若不能知必

苦何以故愛之爲病難捨離故如怨詐親難
可遠離怨詐親者常伺人便令愛別離怨增
合會愛亦如是令人遠離一切善法近於一
切不善之法以是義故菩薩摩訶薩深觀貪
愛如怨詐親見不見故聞不聞故如凡夫人
見生死過雖有智慧以癡覆故後還不見聲
聞緣覺亦復如是雖見不見雖聞不聞何以
故以愛心故所以者何見生死過不能疾至
阿耨多羅三藐三菩提以是義故菩薩摩訶
薩觀此愛結如怨詐親云何名爲怨詐親相
如怨不實詐現實相不可親近詐現近相實
是不善詐現善相實是不愛詐爲愛相何

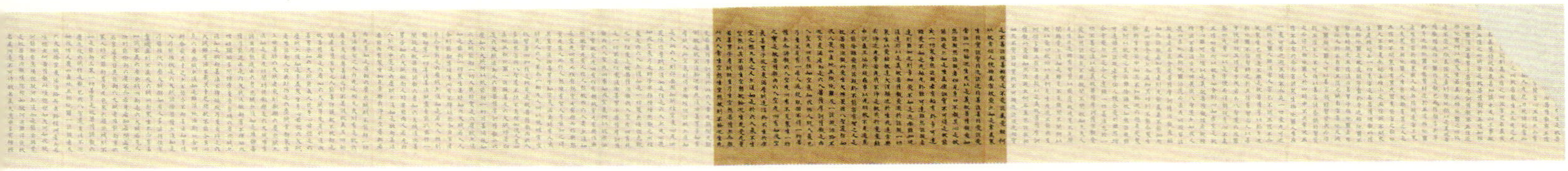

是不善詐現善相實是不愛詐爲愛相何
以故常伺人便欲爲害故愛亦如是常爲衆
生非實詐實非近詐近非善詐善非愛詐愛
常誑一切輪迴生死以是義故菩薩觀愛如
怨詐親怨詐親者但見身口不覩其心是故
能誑愛亦如是唯爲虛誑實不可得是故能
或一切衆生怨詐親者有始有終易可遠
離愛不如是无始无終難可遠離怨詐親者
遠則難知近則易知愛不如是近尚難知况
復遠耶以是義故菩薩觀愛過於詐親一切
衆生以愛結故遠大涅槃近於生死遠常樂
我淨近无常苦无我不淨是故我於處處經

不能捨離愛然諸結不能密有智之人是
故菩薩深觀此愛生大怖畏脩八聖道猶如
彼人畏四毒虵五旃陀羅及一詐親涉路不
迴空聚落者即是六入菩薩摩訶薩觀是內
入空无所有猶如空聚如彼怖人既入聚已
乃至不見有一居人遍捉瓨器不得一物菩
薩亦尒諦觀六入空无所有不見衆生一物
之實是故菩薩觀內六入空无所有如彼空
聚善男子彼空聚落群賊遠望終不生於虛
空之想凡夫之人亦復如是於六入聚不生
空想以其不能生空想故輪迴生死受无量
苦善男子群賊既至乃生空想菩薩亦尒觀
此六入常生空想生空想故則不輪迴生死

此六入常生空想生空想故則不輪迴生死
受若菩薩摩訶薩於此六入常无顛倒无顛
倒故是故不復輪迴生死復次善男子如有
羣賊入此空聚則得安樂煩惱諸賊亦復如
是入此六入則得安樂如賊住空聚心无所
畏煩惱羣賊亦復如是住是六入亦无所畏
如彼空聚乃是師子虎狼種種惡獸之所住
處是內六入亦復如是一切衆惡煩惱之獸
之所住處是故菩薩深觀六入空无所有純
是一切不善住處復次善男子菩薩摩訶薩
觀內六入空无所有如彼空聚何以故虛誑
不實故空无所有作有想故實无有樂作樂

實无有人而作人想唯有智人乃能知之得
其真實復次善男子如空聚落或時有人或
時无人六入不尒一向无人何以故性常空
故智者所知非是眼見是故菩薩觀内六入
多諸怨害循八聖道不休不息猶如彼人畏四
毒虵五栴陁羅一詐親善及六大賊怖著正
道六大賊者即外六塵菩薩摩訶薩觀此六
塵如六大賊何以故能劫一切諸善法故如
六大賊能劫一切人民財寶是六塵賊亦復
如是能劫一切衆生善財如六大賊若入人
舍則能劫奪現家所有不擇好惡令巨富者
卒尒貧窮是六塵賊亦復如是若入人根則

舍財能劫奪現家所有不擇好惡令日官者
卆佘貧窮是六塵賊亦復如是若入人根則
能劫奪一切善法善法既盡貧窮孤露作一
闡提是故菩薩諦觀六塵如六大賊復次善
男子如六大賊欲劫人時要因內人若无內
人則便中還是六塵賊亦復如是欲劫善法
要因內有衆生知見常樂我淨不空等相若
內无有如是等相六塵惡賊則不能劫一切
善法有智之人內无是相凡夫則有是故六
塵常來侵奪善法之財不善護故爲其所劫
護者名慧有智之人能善防護故不被劫是
故菩薩觀是六塵如六大賊等无差別復次

塵賊亦復如是常為衆生身心苦惱六大賊
者唯能劫人現在財物是六塵賊常劫衆生
三世善財六大賊者夜則歡樂六塵惡賊亦
復如是處无明闇則得歡樂是六大賊唯有
諸王乃能遮止六塵惡賊亦復如是唯佛菩
薩乃能遮止是六大賊凡欲劫奪不擇端政
種姓聰喆多聞博學豪貴貧賤六塵惡賊亦
復如是欲劫善法不擇端政乃至貧賤是六
大賊雖有諸王截其手足猶故不能令其心
息六塵惡賊亦復如是雖須陁洹斯陁含阿
那含截其手足亦不能令不劫善法如勇健
人乃能摧伏是六大賊諸佛菩薩亦復如是
乃能摧伏六塵大賊譬如有人多諸種族宗

人乃能摧伏是六大賊諸佛菩薩亦復如是
乃能摧伏六塵大賊譬如有人多諸種族宗
黨熾盛則不為彼六賊所刼衆生亦尒有善
知識不為六塵惡賊所刼是六大賊若見人
物則能偷刼六塵不尒若見若知若聞若嗅
若甞若覺皆悉能刼六大賊者唯能刼奪欲
界人財不能刼奪色无色界六塵惡賊則不
如是能刼三界一切善寶是故菩薩諦觀六
塵過彼六賊作是觀已脩八聖道直往不迴
如彼怖人畏四毒虵五栴陁羅一詐親者及
六大賊捨空聚落涉路而去路值河者即是
煩惱云何菩薩觀此煩惱猶如大河如彼駛

名爲河邊不可得故名爲大其中多有種種
惡魚煩惱大河亦復如是唯佛菩薩能得底
故故名極深唯佛菩薩得其邊故故名廣大
常害一切癡衆生故故名惡魚是故菩薩觀
此煩惱猶如大河如大河水能長一切草木
叢林煩惱大河亦復如是能長衆生二十五
有是故菩薩觀此煩惱猶如大河譬如有人
墮大河水无有慚愧衆生亦尒墮煩惱河无
有慚愧如墮河者未得其底即便命終墮煩
惱河亦復如是未盡其底周迴輪轉二十五
有所言底者名爲空相若有不修如是空相
當知是人不得出離二十五有一切衆生不

當知是人不得出離二十五有一切衆生不
能善脩空无相故常爲煩惱駛河所漂如彼
大河唯能壞身不能漂没一切善法煩惱大
河則不如是能壞一切身心善法彼大暴河
唯能漂没欲界中人煩惱大河乃能漂没三
界人天世間大河手抱脚蹹則到彼岸煩惱
大河唯有菩薩因六波羅蜜乃能得度如大
河水難可得度煩惱大河亦復如是難可得
度云何名爲難可得度乃至十住諸大菩薩
猶故未能畢竟得度唯有諸佛乃畢竟度是
故名爲難可得度譬如有人爲河所漂不能
脩習豪末善法衆生亦尒爲煩惱河所漂没

餘有大者則能拔濟墮煩惱河者一闡提
聞緣覺乃至諸佛不能拔濟世間大河劫盡
之時七日並照能令枯涸煩惱大河則不如
是聲聞緣覺雖脩七覺猶不能乾是故菩薩
觀諸煩惱猶如暴河辟如彼人畏四毒蚫五
旃陁羅一詐親善及六大賊捨空聚落隨路
而去既至河上取草為栰者菩薩亦尔畏四
大蚫五陰旃陁羅愛詐親善六入空聚六塵
惡賊至煩惱河脩戒定慧解脫解脫知見六
波羅蜜三十七品以為船栰依乘此栰度煩
惱河到於彼岸常樂涅槃菩薩脩行大涅槃
者作是思惟我若不能忍受如是身苦心苦
則不能令一切衆生度煩惱河以是思惟雖

則不能令一切衆生度煩惱河以是思惟雖
有如是身心苦惱嘿然忍受以忍受故則不
生漏如是菩薩尚无諸漏況佛如來而當有
漏是故諸佛不名有漏云何如來非无漏也
如來常行有漏中故有漏即是二十五有是
故聲聞凡夫之人言佛有漏諸佛如來真實
无漏善男子以是因緣諸佛如來无有定相
善男子是故犯四重禁謗方等經及一闡提
悉皆不定
尒時光明遍照高貴德王菩薩摩訶薩言如
是如是誠如聖教一切諸法皆悉不定以不
定故當知如來亦不畢竟入於涅槃如佛先

明遍照高貴德王菩薩摩訶薩言善哉善哉
善男子若有菩薩得念揔持乃能如汝之所
諮問善男子如世人言有海大海有河大河
有山大山有地大地有城大城有衆生大衆
生有王大王有人大人有天天中天有道大
道涅槃亦尒有涅槃有大涅槃云何涅槃善
男子如人飢餓得少飯食名爲安樂如是安
樂亦名涅槃如病得差則名安樂如是安樂
亦名涅槃如人怖畏得歸依處則得安樂如
是安樂亦名涅槃如貧窮人獲七寶物則得
安樂如是安樂亦名涅槃如人觀骨不起貪
欲則得安樂如是安樂亦名涅槃如是涅槃

欲則得安樂如是安樂亦名涅槃如是涅槃
不得名爲大涅槃也何以故以飢渴故病故
怖故生貪著故是名涅槃非大涅槃善男子
若凡夫人及以聲聞或曰世俗或曰聖道斷
欲界結則得安樂如是安樂亦名涅槃不得
名爲大涅槃也能斷初禪乃至能斷非想非
非想處結則得安樂如是安樂亦名涅槃不
得名爲大涅槃也何以故還生煩惱有習氣
故云何名爲煩惱習氣聲聞緣覺有煩惱氣
所謂我身我衣我去我來我說我聽諸佛如
來入於涅槃涅槃之性无我无樂唯有常淨
是則名爲煩惱習氣佛法衆僧有差別相如

涅槃等无差別以是義故二乘所得非大涅
槃何以故无常樂我淨故常樂我淨乃得名
爲大涅槃也善男子譬如有處能受衆水名
爲大海隨有聲聞緣覺菩薩諸佛如來所入
之處名大涅槃四禪三三昧八背捨八勝處
十一切處隨能攝取如是无量諸善法者名
大涅槃善男子譬如有河第一香象不能得
底則名爲大聲聞緣覺至十住菩薩不見佛
性名爲涅槃非大涅槃若能了了見於佛性
則得名爲大涅槃也是大涅槃唯大象王能
盡其底大象王者謂諸佛也善男子若摩訶
那伽及鉢揵陀大力士等逕歷多時所不能

那伽及鉢犍陁大力士等逕歷多時所不能
上乃名大山聲聞緣覺及諸菩薩摩訶那
伽大力士等所不能見如是乃名大涅槃也
復次善男子隨有小王之所住處名曰小城
轉輪聖王所住之處乃名大城聲聞緣覺八
万六万四万二万一万住處名為涅槃无上
法主聖王住處乃得名為大般涅槃以是故
名大般涅槃善男子辟如有人見四種兵不
生怖畏當知是人名大衆生若有衆生於三
惡道煩惱惡業不生怖畏而能於中廣度衆
生當知是人得大涅槃若有人能供養父母
恭敬沙門及婆羅門脩治善法所言誠實无

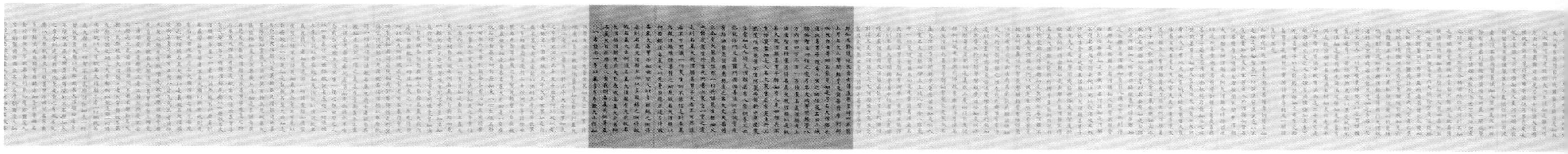

亦尒有大慈悲憐愍一切於諸衆生猶如父
母能度衆生於生死河普示衆生一實之道
是則名爲大般涅槃善男子大名不可思議
若不可思議一切衆生所不能信是則名爲
大般涅槃唯佛菩薩之所見故名大涅槃以
何因緣復名爲大以无量因緣然後乃得故
名爲大善男子如世間人以多因緣之所得
者則名爲大涅槃亦尒以多因緣之所得故
故名爲大云何復名爲大涅槃有大我故名
大涅槃涅槃无我大自在故名爲大我云何
名爲大自在耶有八自在則名爲我何等爲
八一者能示一身以爲多身身數大小猶如

八一者能示一身以爲多身身數大小猶如
微塵充滿十方无量世界如来之身實非
微塵以自在故現微塵身如是自在則爲大
我二者示一塵身滿於三千大千世界如来
之身實不滿於三千大千世界何以故以无
㝵故直以自在故滿三千大千世界如是自
在名爲大我三者能以滿此三千大千世界
之身輕舉飛空過於二十恒河沙等諸佛世
界而无鄣㝵如来之身實无輕重以自在故
能爲輕重如是自在名爲大我四者以自在
故而得自在云何自在如来一心安住不動
所可示化无量形類各令有心如来或時有

我五者根自在故云何名為根自在耶如來
一根亦能見色聞聲嗅香別味覺觸知法如
來六根亦不見色聞聲嗅香別味覺觸知法
以自在故令根自在如是自在名為大我六
者以自在故得一切法如來之心亦无得想
何以故无所得故若是有者可名為得實无
所有云何名得若使如來計有得想是則諸
佛不得涅槃以无得故名得涅槃以自在故
得一切法得諸法故名為大我七者說自在
故如來演說一偈之義逕无量劫義亦不盡
所謂若戒若定若施若慧如來尒時都不生
念我說彼聽亦復不生一偈之想世間之人

念我說彼聽亦復不生一倡之想世間之人
以四句為倡隨世俗故說名為倡一切法性
亦无有說以自在故如来演說以演說故名
為大我八者如来遍滿一切諸處猶如虛空
虛空之性不可得見如来亦尒實不可見以
自在故令一切見如是自在名為大我如是
大我名大涅槃以是義故名大涅槃復次善
男子辟如寶藏多諸珎異百種具足故名大
藏諸佛如来甚深奥藏亦復如是多諸奇異
具足无缺名大涅槃復次善男子无邊之物
乃名為大涅槃无邊是故名大復次善男子
有大樂故名大涅槃涅槃无樂以四樂故名大

名為樂若有苦者不名大樂以斷樂故則无
有苦无苦无樂乃名大樂涅槃之性无苦无
樂是故涅槃名為大樂以是義故名大涅槃
復次善男子樂有二種一者凡夫二者諸佛
凡夫之樂无常敗壞是故无樂諸佛常樂
无有變異故名大樂復次善男子有三種受
一者苦受二者樂受三者不苦不樂受不苦
不樂是亦為苦涅槃雖同不苦不樂然名大
樂以大樂故名大涅槃二者大寂靜故名為
大樂涅槃之性是大寂靜何以故遠離一切憒
鬧法故以大寂故名大涅槃三者一切知故名
為大樂非一切智不名為樂諸佛如來一切
智故名為大樂以大樂故名大涅槃四者身

智故名為大樂以大樂故名大涅槃四者身
不壞故名為大樂身若可壞則不名樂如来
之身金剛无壞非煩惱身无常之身故名大
樂以大樂故名大涅槃善男子世間名字或
有因緣或无因緣有因緣者如舍利弗母名
舍利因母立字故名舍利弗如摩鍮羅道人
生摩鍮羅國因國立名故名摩鍮羅道人如
目揵連目揵連者即是姓也因姓立名故名
目揵連如我生於瞿曇種姓因姓立名稱為
瞿曇如毗舍佉道人毗舍佉者即是星名因
星為名名毗舍佉如有六指因六指故名六
指人如佛奴天奴因佛因天故名佛奴天奴

者如蓮華地水火風虛空如㝹陁婆一名二
實一名壓堂二者飲漿堂不飲漿亦復得名
為㝹陁婆如薩婆車多名為虵蓋實非虵蓋
是名无因強立名字如坻羅婆夷名為食油
實不食油強為立名名為食油是名无因強
立名字善男子是大涅槃亦復如是无有因
緣強為立名善男子譬如虛空不因小空名
為大也涅槃亦尒不因小相名大涅槃善男
子譬如有法不可稱量不可思議故名為大
涅槃亦尒不可稱量不可思議故得名為大
般涅槃以純淨故名大涅槃云何純淨淨有
四種何等為四一者二十五有名為不淨能

四種何等為四一者二十五有名為不淨能
永斷故得名為淨淨即涅槃如是涅槃亦得
名有而是涅槃實非是有諸佛如來隨世俗
故說涅槃有辟如世人非父言父非毋言毋
實非父毋而言父毋涅槃亦尒隨世俗故說
言諸佛有大涅槃二者業清淨故一切凡夫
業不清淨故无涅槃諸佛如來業清淨故故
名大淨以大淨故名大涅槃三者身清淨故
身若无常則名不淨如來身常故名大淨以
大淨故名大涅槃四者心清淨故心若有漏
名曰不淨佛心无漏故名大淨以大淨故名
大涅槃善男子是名善男子善女人循行如

大般涅槃經卷苐廿三

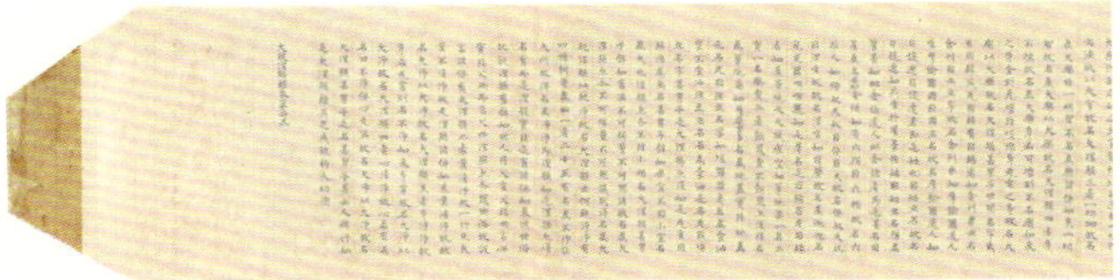

BD00286

大般若波羅蜜多經卷一八

（唐）玄奘 譯

BD00286v

勘記

936.8cm×26cm

常增語是善
舌身意界常
世尊即眼界无常增語是
薩不不也世尊即耳鼻舌身意界
是菩薩摩訶薩不不也世尊即眼
是菩薩摩訶薩不不也尊即耳鼻
界樂增語是菩薩摩訶薩不不也
界苦增語是菩薩摩訶薩不不也世尊
鼻舌身意界苦增語是菩薩摩訶薩
世尊即眼界我增語是菩薩摩訶薩不不
世尊即耳鼻舌身意界我增語是菩薩
薩不不也世尊即眼界无我增語是菩薩摩
訶薩不不也世尊即耳鼻舌身意界无我增
語是菩薩摩訶薩不不也世尊即眼界淨增

眼界不淨增語是菩薩摩訶薩不不也世尊
即耳鼻舌身意界不淨增語是菩薩摩訶薩
不不也世尊即眼界空增語是菩薩摩訶薩
不不也世尊即耳鼻舌身意界空增語是菩
薩摩訶薩不不也世尊即眼界不空增訶是
菩薩摩訶薩不不也世尊即耳鼻舌身意
界不空增語是菩薩摩訶薩不不也世尊即眼
界有相增語是菩薩摩訶薩不不也世尊即
耳鼻舌身意界有相增語是菩薩摩訶薩不
不也世尊即眼界无相增語是菩薩摩訶薩
不不也世尊即耳鼻舌身意界无相增語是
菩薩摩訶薩不不也世尊即眼界有願增語
是菩薩摩訶薩不不也世尊即耳鼻舌身意

是菩薩摩訶薩不也世尊耶耳鼻舌身意
界有願增語是菩薩摩訶薩不不也世尊耶
眼界无願增語是菩薩摩訶薩不不也世尊
耶耳鼻舌身意界无願增語是菩薩摩訶薩
不不也世尊耶眼界寂靜增語是菩薩摩訶
薩不不也世尊耶耳鼻舌身意界寂靜增語
是菩薩摩訶薩不不也世尊耶眼界不寂靜
增語是菩薩摩訶薩不不也世尊耶耳鼻舌
身意界不寂靜增語是菩薩摩訶薩不不也
世尊耶眼界遠離增語是菩薩摩訶薩不不
也世尊耶耳鼻舌身意界遠離增語是菩薩
摩訶薩不不也世尊耶眼界不遠離增語是
菩薩摩訶薩不不也世尊耶耳鼻舌身意界
不遠離增語是菩薩摩訶薩不不也世尊耶眼
界有為增語是菩薩摩訶薩不不也世尊耶

薩不不也世尊即耳鼻舌身意界无為增語
是菩薩摩訶薩不不也世尊即眼界有漏增
語是菩薩摩訶薩不不也世尊即耳鼻舌身意
界有漏增語是菩薩摩訶薩不不也世尊
即眼界无漏增語是菩薩摩訶薩不不也世
尊即耳鼻舌身意界无漏增語是菩薩摩訶
薩不不也世尊即眼界生增語是菩薩摩訶
薩不不也世尊即耳鼻舌身意界生增語是
菩薩摩訶薩不不也世尊即眼界滅增語是
菩薩摩訶薩不不也世尊即耳鼻舌身意界
滅增語是菩薩摩訶薩不不也世尊即眼界善
增語是菩薩摩訶薩不不也世尊即耳鼻
舌身意界善增語是菩薩摩訶薩不不也世

增語是菩薩摩訶薩不不也世尊耶耳鼻
舌身意界善增語是菩薩摩訶薩不不也世
尊耶眼界非善增語是菩薩摩訶薩不不也
世尊耶耳鼻舌身意界非善增語是菩薩摩
訶薩不不也世尊耶眼界有罪增語是菩薩
摩訶薩不不也世尊耶耳鼻舌身意界有罪
增語是菩薩摩訶薩不不也世尊耶眼界無
罪增語是菩薩摩訶薩不不也世尊耶耳鼻
舌身意界無罪增語是菩薩摩訶薩不不也世
尊耶眼界有煩惱增語是菩薩摩訶薩不
不也世尊耶耳鼻舌身意界有煩惱增語是
菩薩摩訶薩不不也世尊耶眼界無煩惱增
語是菩薩摩訶薩不不也世尊耶耳鼻舌身
意界無煩惱增語是菩薩摩訶薩不不也世
尊耶眼界世間增語是菩薩摩訶薩不不也

摩訶薩不不也世尊耶耳鼻舌身意界出
世閒增語是菩薩摩訶薩不不也世尊耶眼
界雜染增語是菩薩摩訶薩不不也世尊耶
耳鼻舌身意界雜染增語是菩薩摩訶薩不
不也世尊耶眼界清淨增語是菩薩摩訶薩
不不也世尊耶耳鼻舌身意界清淨增語是
菩薩摩訶薩不不也世尊耶眼界屬生死增
語是菩薩摩訶薩不不也世尊耶耳鼻舌身
意界屬生死增語是菩薩摩訶薩不不也世
尊耶眼界屬涅槃增語是菩薩摩訶薩不不
也世尊耶耳鼻舌身意界屬涅槃增語是菩
薩摩訶薩不不也世尊耶眼界在內增語是
菩薩摩訶薩不不也世尊耶耳鼻舌身意
界在內增語是菩薩摩訶薩不不也世尊耶眼

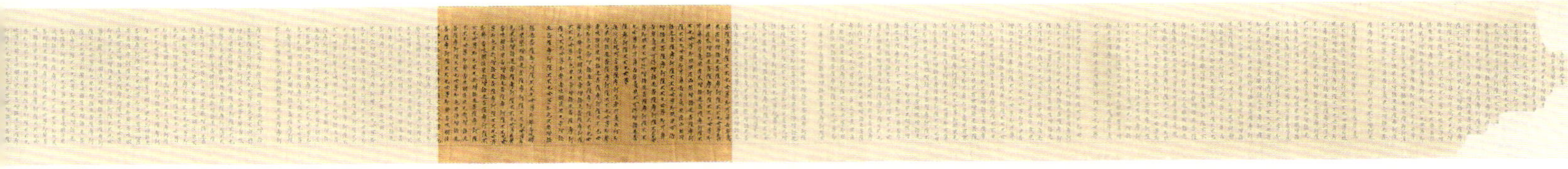

菩薩摩訶薩不不也世尊即耳鼻舌身意
界在內增語是菩薩摩訶薩不不也世尊即眼
界在外增語是菩薩摩訶薩不不也世尊即
耳鼻舌身意界在外增語是菩薩摩訶薩不
不也世尊即眼界在兩間增語是菩薩摩訶
薩不不也世尊即耳鼻舌身意界在兩間增
語是菩薩摩訶薩不不也世尊即眼界可得
增語是菩薩摩訶薩不不也世尊即耳鼻
舌身意界可得增語是菩薩摩訶薩不不也世
尊即眼界不可得增語是菩薩摩訶薩不不
也世尊即耳鼻舌身意界不可得增語是菩
薩摩訶薩不不也世尊
復次善現所言菩薩摩訶薩者於意云何即
色界增語是菩薩摩訶薩不不也世尊即聲
香味觸法界增語是菩薩摩訶薩不不也世

不不也世尊耶色界无常增語是菩薩摩訶
薩不不也世尊耶聲香味觸法界无常增語
是菩薩摩訶薩不不也世尊耶色界樂增語
語是菩薩摩訶薩不不也世尊耶聲香味觸
法界樂增語是菩薩摩訶薩不不也世尊耶
色界苦增語是菩薩摩訶薩不不也世尊耶聲
香味觸法界苦增語是菩薩摩訶薩不不也世
尊耶色界我增語是菩薩摩訶薩不不也世尊
耶聲香味觸法界我增語是菩薩摩訶薩不
不也世尊耶色界无我增語是菩薩摩訶薩
不不也世尊耶聲香味觸法界无我增語是
菩薩摩訶薩不不也世尊耶色界淨增語是
菩薩摩訶薩不不也世尊耶聲香味觸法

菩薩摩訶薩不不也世尊即聲香味觸法
界淨增語是菩薩摩訶薩不不也世尊即色
界不淨增語是菩薩摩訶薩不不也世尊即
聲香味觸法界不淨增語是菩薩摩訶薩不
不也世尊即色界空增語是菩薩摩訶薩不
不也世尊即聲香味觸法界空增語是菩
薩摩訶薩不不也世尊即色界不空增語是
菩薩摩訶薩不不也世尊即聲香味觸法
界不空增語是菩薩摩訶薩不不也世尊即
色界有相增語是菩薩摩訶薩不不也世尊即
聲香味觸法界有相增語是菩薩摩訶薩不不
也世尊即色界无相增語是菩薩摩訶薩不
不也世尊即聲香味觸法界无相增語是菩
薩摩訶薩不不也世尊即色界有願增語
是菩薩摩訶薩不不也世尊即聲香味觸法

即聲香味觸法界無願增語是菩薩摩訶薩
不不也世尊即色界寂靜增語是菩薩摩訶
薩不不也世尊即聲香味觸法界寂靜增語
是菩薩摩訶薩不不也世尊即色界不寂靜
增語是菩薩摩訶薩不不也世尊即聲香味
觸法界不寂靜增語是菩薩摩訶薩不不也
世尊即色界遠離增語是菩薩摩訶薩不不
也世尊即聲香味觸法界遠離增語是菩薩
摩訶薩不不也世尊即色界不遠離增語是菩
薩摩訶薩不不也世尊即聲香味觸法界不
遠離增語是菩薩摩訶薩不不也世尊即
色界有為增語是菩薩摩訶薩不不也世尊
即聲香味觸法界有為增語是菩薩摩訶薩
不不也世尊即色界無為增語是菩薩摩訶

即聲香味觸法界有為增語是菩薩摩訶薩
不不也世尊即色界无為增語是菩薩摩訶
薩不不也世尊即聲香味觸法界无為增語是
菩薩摩訶薩不不也世尊即色界有漏增語
是菩薩摩訶薩不不也世尊即聲香味觸
法界有漏增語是菩薩摩訶薩不不也世尊
即色界无漏增語是菩薩摩訶薩不不也世
尊即聲香味觸法界无漏增語是菩薩摩訶
薩不不也世尊即色界生增語是菩薩摩訶
薩不不也世尊即聲香味觸法生增語是菩
薩摩訶薩不不也世尊即色界滅增語是
菩薩摩訶薩不不也世尊即聲香味觸法界
滅增語是菩薩摩訶薩不不也世尊即色界
善增語是菩薩摩訶薩不不也世尊即聲香
味觸法界善增語是菩薩摩訶薩不不也世

訶薩不不也世尊耶色界有罪增語是菩薩
摩訶薩不不也世尊耶聲香味觸法界有
罪增語是菩薩摩訶薩不不也世尊耶色界无
罪增語是菩薩摩訶薩不不也世尊耶聲香
味觸法界无罪增語是菩薩摩訶薩不不也
世尊耶色界有煩惱增語是菩薩摩訶薩不
不也世尊耶聲香味觸法界有煩惱增語是
菩薩摩訶薩不不也世尊耶色界无煩惱
增語是菩薩摩訶薩不不也世尊耶聲香味觸
法界无煩惱增語是菩薩摩訶薩不不也世
尊耶色界世間增語是菩薩摩訶薩不不也
世尊耶聲香味觸法界世間增語是菩薩摩
訶薩不不也世尊耶色界出世間增語是菩
薩摩訶薩不不也世尊耶聲香味觸法界出
世間增語是菩薩摩訶薩不不也世尊耶色

薩摩訶薩不不也世尊即聲香味觸法界出
世間增語是菩薩摩訶薩不不也世尊即色
界雜染增語是菩薩摩訶薩不不也世尊即
聲香味觸法界雜染增語是菩薩摩訶薩不
不也世尊即色界清淨增語是菩薩摩訶薩
不不也世尊即聲香味觸法界清淨增語是
菩薩摩訶薩不不也世尊即色界屬生死增
語是菩薩摩訶薩不不也世尊即聲香味觸
法界屬生死增語是菩薩摩訶薩不不也世
尊即色界屬涅槃增語是菩薩摩訶薩不不
也世尊即聲香味觸法界屬涅槃增語是菩
薩摩訶薩不不也世尊即色界在內增語是
菩薩摩訶薩不不也世尊即聲香味觸法界
在內增語是菩薩摩訶薩不不也世尊即色
界在外增語是菩薩摩訶薩不不也世尊即

訶薩不不也世尊即聲香味觸法界在兩間增
訶是菩薩摩訶薩不不也世尊即色界可得
增語是菩薩摩訶薩不不也世尊即聲香味
觸法界可得增語是菩薩摩訶薩不不也世
尊即色界不可得增語是菩薩摩訶薩不不
也世尊即聲香味觸法界不可得增語是菩
薩摩訶薩不不也世尊
復次善現所言菩薩摩訶薩者於意云何即
眼識界增語是菩薩摩訶薩不不也世尊即
耳鼻舌身意識界增語是菩薩摩訶薩不不
也世尊即眼識界常增語是菩薩摩訶薩不
不也世尊即耳鼻舌身意識界常增語是菩
薩摩訶薩不不也世尊即眼識界無常增語
是菩薩摩訶薩不不也世尊即耳鼻舌身意

是菩薩摩訶薩不不也世尊耶耳鼻舌身意
識界无常增語是菩薩摩訶薩不不也世尊
耶眼識界樂增語是菩薩摩訶薩不不也世
訶薩不不也世尊耶眼識界苦增語是菩薩摩
訶薩不不也世尊耶耳鼻舌身意識界苦增
語是菩薩摩訶薩不不也世尊耶眼識界我
增語是菩薩摩訶薩不不也世尊耶耳鼻舌
身意識界我增語是菩薩摩訶薩不不也世
尊耶眼識界无我增語是菩薩摩訶薩不不

訶薩不不也世尊即聲香味觸法界在兩間增
語是菩薩摩訶薩不不也世尊即色界可得
增語是菩薩摩訶薩不不也世尊即聲香味
觸法界可得增語是菩薩摩訶薩不不也世
尊即色界不可得增語是菩薩摩訶薩不不
也世尊即聲香味觸法界不可得增語是菩
薩摩訶薩不不也世尊
復次善現所言菩薩摩訶薩者於意云何
即眼識界增語是菩薩摩訶不不也世尊即
耳鼻舌身意識界增語是菩薩摩訶薩不不
也世尊即眼識界常增語是菩薩摩訶薩不
不也世尊即耳鼻舌身意識界常增語是菩
薩摩訶薩不不也世尊即眼識界无常增語
是菩薩摩訶薩不不也世尊即耳鼻舌身意
識界无常增語是菩薩摩訶薩不不也世尊

識界无常增語是菩薩摩訶薩不不也世尊
即眼識界樂增語是菩薩摩訶薩不不也世
尊即耳鼻舌身意識界樂增語是菩薩摩訶
訶薩不不也世尊即眼識界苦增語是菩薩摩
訶薩不不也世尊即耳鼻舌身意識界苦增
語是菩薩摩訶薩不不也世尊即眼識界我
增語是菩薩摩訶薩不不也世尊即耳鼻舌
身意識界我增語是菩薩摩訶薩不不也世
尊即眼識界无我增語是菩薩摩訶薩不不
也世尊即耳鼻舌身意識界无我增語是菩
薩摩訶薩不不也世尊即眼識界淨增語是
菩薩摩訶薩不不也世尊即耳鼻舌身意識
界淨增語是菩薩摩訶薩不不也世尊即眼
識界不淨增語是菩薩摩薩不不也世尊

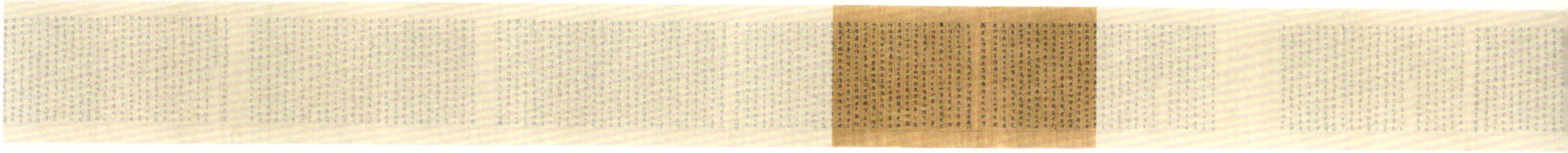

薩不不也世尊即眼識界空增語是菩薩摩
訶薩不不也世尊即耳鼻舌身意識界空增
語是菩薩摩訶薩不不也世尊即眼識界不
空增語是菩薩摩訶薩不不也世尊即耳鼻
舌身意識界不空增語是菩薩摩訶薩不不
也世尊即眼識界有相增語是菩薩摩訶薩
不不也世尊即耳鼻舌身意識界有相增語
是菩薩摩訶薩不不也世尊即眼識界無相
增語是菩薩摩訶薩不不也世尊即耳鼻舌
身意識界無相增語是菩薩摩訶薩不不也
世尊即眼識界有願增語是菩薩摩訶薩不
不也世尊即耳鼻舌身意識界有願增語是
菩薩摩訶薩不不也世尊即眼識界無願增
語是菩薩摩訶薩不不也世尊即耳鼻舌身
意識界無願增語是菩薩摩訶薩不不也世
尊即眼識界寂靜增語是菩薩摩訶薩不不

意識界无願增語是菩薩摩訶薩不不也世
尊即眼識界寂靜增語是菩薩摩訶薩不不
也世尊即耳鼻舌身意識界寂靜增語是菩
薩摩訶薩不不也世尊即眼識界不寂靜增
語是菩薩摩訶薩不不也世尊即耳鼻舌身
意識界不寂靜增語是菩薩摩訶薩不不也
世尊即眼識界遠離增語是菩薩摩訶薩不
不也世尊即耳鼻舌身意界遠離增語是
菩薩摩訶薩不不也世尊即眼識界不遠離
增語是菩薩摩訶薩不不也世尊即耳鼻舌
身意識界不遠離增語是菩薩摩訶薩不不
也世尊即眼識界有為增語是菩薩摩訶
薩不不也世尊即耳鼻舌身意識界有為增語
是菩薩摩訶薩不不也世尊即眼識界无為

世尊即眼識界有漏增語是菩薩摩訶薩不
不也世尊即耳鼻舌身意識界有漏增語是
菩薩摩訶薩不不也世尊即眼識界无漏增
語是菩薩摩訶薩不不也世尊即耳鼻舌身
意識界无漏增語是菩薩摩訶薩不不也世尊
即眼識界生增語是菩薩摩訶薩不不也世
尊即耳鼻舌身意識界生增語是菩薩摩訶
薩不不也世尊即眼識界滅增語是菩薩摩
訶薩不不也世尊即耳鼻舌身意識界滅增
語是菩薩摩訶薩不不也世尊即眼識界善
增語是菩薩摩訶薩不不也世尊即耳鼻舌
身意識界善增語是菩薩摩訶薩不不也世
尊即眼識界非善增語是菩薩摩訶薩不不
也世尊即耳鼻舌身意識界非善增語是菩
薩摩訶薩不不也世尊即眼識界有罪增語

薩摩訶薩不不也世尊即眼識界有罪增語
是菩薩摩訶薩不不也世尊即耳鼻舌身意
識界有罪增語是菩薩摩訶薩不不也世尊
即眼識界无罪增語是菩薩摩訶薩不不也
世尊即耳鼻舌身意識界无罪增語是菩薩
摩訶薩不不也世尊即眼識界有煩惱增語
是菩薩摩訶薩不不也世尊即耳鼻舌身意
識界有煩惱增語是菩薩摩訶薩不不也世
尊即眼識界无煩惱增語是菩薩摩訶薩不
不也世尊即耳鼻舌身意識界无煩惱增語

是菩薩摩訶薩不不也世尊即眼識界世間
增語是菩薩摩訶薩不不也世尊即耳鼻舌

不不也世尊即耳鼻舌身意識界出世間增
語是菩薩摩訶薩不不也世尊即眼識界雜
染增語是菩薩摩訶薩不不也世尊即耳鼻
舌身意識界雜染增語是菩薩摩訶薩不不
也世尊即眼識界清淨增語是菩薩摩訶薩
不不也世尊即耳鼻舌身意識界清淨增語
是菩薩摩訶薩不不也世尊即眼識界屬生
死增語是菩薩摩訶薩不不也世尊即耳鼻
舌身意識界屬生死增語是菩薩摩訶薩不
不也世尊即眼識界屬涅槃增語是菩薩摩
訶薩不不也世尊即耳鼻舌身意識界屬涅
槃增語是菩薩摩訶薩不不也世尊即眼識
界在內增語是菩薩摩訶薩不不也世尊即
耳鼻舌身意識界在內增語是菩薩摩訶薩
不不也世尊即眼識界在外增語是菩薩摩

不不也世尊即眼識界在外增語是菩薩摩
訶薩不不也世尊即耳鼻舌身意識界在外
增語是菩薩摩訶薩不不也世尊即眼識界
在兩間增語是菩薩摩訶薩不不也世尊即
耳鼻舌身意識界在兩間增語是菩薩摩訶
薩不不也世尊即眼識界可得增語是菩薩
摩訶薩不不也世尊即耳鼻舌身意識界可
得增語是菩薩摩訶薩不不也世尊即眼識
界不可得增語是菩薩摩訶薩不不也世尊
即耳鼻舌身意識界不可得增語是菩薩
摩訶薩不不也世尊
復次善現所言菩薩摩訶薩者於意云何即

世尊耶眼觸常增語是菩薩摩訶薩不不也
世尊耶耳鼻舌身意觸常增語是菩薩摩訶
薩不不也世尊耶眼觸無常增語是菩薩摩
訶薩不不也尊耶耳鼻舌身意觸無常增語
是菩薩摩訶薩不不也世尊耶眼觸樂增語
是菩薩摩訶薩不不也世尊耶耳鼻舌身意
觸樂增語是菩薩摩訶薩不不也世尊耶眼
觸苦增語是菩薩摩訶薩不不也世尊耶耳
鼻舌身意觸苦增語是菩薩摩訶薩不不
也世尊耶眼觸我增語是菩薩摩訶薩不不
也世尊耶耳鼻舌身意觸我增訶是菩薩摩
訶薩不不也世尊耶眼觸無我增語是菩薩摩
訶薩不不也世尊耶耳鼻舌身意觸無我增
語是菩薩摩訶薩不不也世尊耶眼觸淨增
語是菩薩摩訶薩不不也世尊耶耳鼻舌身

語是菩薩摩訶薩不不也世尊即耳鼻舌身
意觸淨增語是菩薩摩訶薩不不也世尊即
眼觸不淨增語是菩薩摩訶薩不不也世尊
即耳鼻舌身意觸不淨增語是菩薩摩訶薩
不不也世尊即眼觸空增語是菩薩摩訶薩
不不也世尊即耳鼻舌身意觸空增語是菩
薩摩訶薩不不也世尊即眼觸不空增語是
菩薩摩訶薩不不也世尊即耳鼻舌身意觸
不空增語是菩薩摩訶薩不不也世尊即眼
觸有相增語是菩薩摩訶薩不不也世尊即
耳鼻舌身意觸有相增語是菩薩摩訶薩不
不也世尊即眼觸无相增語是菩薩摩訶薩
不不也世尊即耳鼻舌身意觸无相增語是

觸有願增語是菩薩摩訶薩不不也世尊即
眼觸无願增語是菩薩摩訶薩不不也世尊
即耳鼻舌身意觸无願增語是菩薩摩訶薩
不不也世尊即眼觸寂靜增語是菩薩摩訶
薩不不也世尊即耳鼻舌身意觸寂靜增語
是菩薩摩訶薩不不也世尊即眼觸不寂靜
增語是菩薩摩訶薩不不也世尊即耳鼻舌
身意觸不寂靜增語是菩薩摩訶薩不不也
世尊即眼觸遠離增語是菩薩摩訶薩不不
也世尊即耳鼻舌身意觸遠離增語是菩薩
摩訶薩不不也世尊即眼觸不遠離增語是菩
薩摩訶薩不不也世尊即耳鼻舌身意觸不
遠離增語是菩薩摩訶薩不不也世尊即
眼觸有為增語是菩薩摩訶薩不不也世尊
即耳鼻舌身意觸有為增語是菩薩摩訶薩

耶耳鼻舌身意觸有爲增語是菩薩摩訶薩
不不也世尊耶眼觸无爲增語是菩薩摩訶
薩不不也世尊耶耳鼻舌身意觸无爲增語
是菩薩摩訶薩不不也世尊耶眼觸有漏增
語是菩薩摩訶薩不不也世尊耶耳鼻舌身
意觸有漏增語是菩薩摩訶薩不不也世尊
耶眼觸无漏增語是菩薩摩訶薩不不也世
尊耶耳鼻舌身意觸无漏增語是菩薩摩訶
薩不不也世尊耶眼觸生增語是菩薩摩訶
薩不不也世尊耶耳鼻舌身意觸生增語是
菩薩摩訶薩不不也世尊耶眼觸滅增語是
菩薩摩訶薩不不也世尊耶耳鼻舌身意觸
滅增語是菩薩摩訶薩不不也世尊耶眼觸
善增語是菩薩摩訶薩不不也世尊耶耳

尊即眼觸非善增語是菩薩摩訶薩不不也
世尊即耳鼻舌身意觸非善增語是菩薩摩
訶薩不不也世尊即眼觸有罪增語是菩薩
摩訶薩不不也世尊即耳鼻舌身意觸有罪
增語是菩薩摩訶薩不不也世尊即眼觸无
罪增語是菩薩摩訶薩不不也世尊即耳鼻
舌身意觸无罪增語是菩薩摩訶薩不不也
世尊即眼觸有煩惱增語是菩薩摩訶薩不
不也世尊即耳鼻舌身意觸有煩惱增語是
菩薩摩訶薩不不也世尊即眼觸无煩惱增
語是菩薩摩訶薩不不也世尊即耳鼻舌身
意觸无煩惱增語是菩薩摩訶薩不不也世
尊即眼觸世間增語是菩薩摩訶薩不不也
世尊即耳鼻舌身意觸世間增語是菩薩摩
訶薩不不也世尊即眼觸出世間增語是菩薩

BD00286　大般若波羅蜜多經卷一八

世尊即耳鼻舌身意觸世間增語是菩薩摩
訶薩不不也世尊即眼觸出世間增語是菩薩
摩訶薩不不也世尊即耳鼻舌身意觸出
世間增語是菩薩摩訶薩不不也世尊即眼
觸雜染增語是菩薩摩訶薩不不也世尊即
耳鼻舌身意觸雜染增語是菩薩摩訶薩
不不也世尊即眼觸清淨增語是菩薩摩訶薩
不不也世尊即耳鼻舌身意觸清淨增語是
菩薩摩訶薩不不也世尊即眼觸屬生死增
語是菩薩摩訶薩不不也世尊即耳鼻舌
身意觸屬生死增語是菩薩摩訶薩不不
也世尊即眼觸屬涅槃增是菩薩摩訶薩
不不也尊即耳鼻舌身意觸屬涅槃增語是
菩薩摩訶薩不不也世尊即眼觸在內增語

觸在外增語是菩薩摩訶薩不不也世尊即
耳鼻舌身意觸在外增語是菩薩摩訶薩
不不也世尊即眼觸在兩間增語是菩薩摩訶
薩不不也世尊即耳鼻舌身意觸在兩間增
語是菩薩摩訶薩不不也世尊即眼觸可得
增語是菩薩摩訶薩不不也世尊即耳鼻舌
身意觸可得增語是菩薩摩訶薩不不也世
尊即眼觸不可得增語是菩薩摩訶薩不不
也世尊即耳鼻舌身意觸不可得增語是
菩薩摩訶薩不不也世尊
復次善現所言菩薩摩訶薩者於意云何即
眼觸為緣所生諸受增語是菩薩摩訶薩不
不也世尊即耳鼻舌身意觸為緣所生諸受
增語是菩薩摩訶薩不不也世尊即眼觸為
緣所生諸受常增語是菩薩摩訶薩不不也

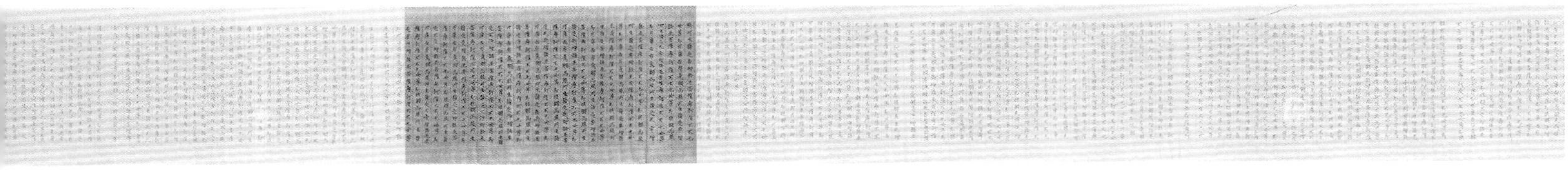

緣所生諸受常增語是菩薩摩訶薩不不也
世尊即耳鼻舌身意觸爲緣所生諸受常增
語是菩薩摩訶薩不不也世尊即眼觸爲緣
所生諸受无常增語是菩薩摩訶薩不不也世尊
即耳鼻舌身意觸爲緣所生諸受无常增
語是菩薩摩訶薩不不也世尊即眼觸爲緣
所生諸受樂增語是菩薩摩訶薩不不也世
尊即耳鼻舌身意觸爲緣所生諸受樂增語
是菩薩摩訶薩不不也世尊即眼觸爲緣所
生諸受苦增語是菩薩摩訶薩不不也世尊
即耳鼻舌身意觸爲緣所生諸受苦增語是
菩薩摩訶薩不不也世尊即眼觸爲緣所生
諸受我增語是菩薩摩訶薩不不也世尊即
耳鼻舌身意觸爲緣所生諸受我增語是菩

耳鼻舌身意觸為緣所生諸受無我增語是
菩薩摩訶薩不不也世尊即眼觸為緣所生
諸受淨增語是菩薩摩訶薩不不也世尊即
耳鼻舌身意觸為緣所生諸受淨增語是
菩薩摩訶薩不不也世尊即眼觸為緣所生諸
受不淨增語是菩薩摩訶薩不不也世尊即
耳鼻舌身意觸為緣所生諸受不淨增語是
菩薩摩訶薩不不也世尊即眼觸為緣所生
諸受空增語是菩薩摩訶薩不不也世尊即
耳鼻舌身意觸為緣所生諸受空增語是菩
薩摩訶薩不不也世尊即眼觸為緣所生諸
受不空增語是菩薩摩訶薩不不也世尊即
耳鼻舌身意觸為緣所生諸受不空增語是菩
薩摩訶薩不不也世尊即眼觸為緣所生諸
受有相增語是菩薩摩訶薩不不也世尊

薩摩訶薩不不也世尊即眼觸爲緣所生諸
受有相增語是菩薩摩訶薩不不也世尊
即耳鼻舌身意觸爲緣所生諸受有相增語
是菩薩摩訶薩不不也世尊即眼觸爲緣所
生諸受无相增語是菩薩摩訶薩不不也世
尊即耳鼻舌身意觸爲緣所生諸受无相
增語是菩薩摩訶薩不不也世尊即眼觸爲
緣所生諸受有願增語是菩薩摩訶薩不不也
世尊即耳鼻舌身意觸爲緣所生諸受有願
增語是菩薩摩訶薩不不也世尊即眼觸爲
緣所生諸受无願增語是菩薩摩訶薩不不
也世尊即耳鼻舌身意觸爲緣所生諸受无
願增語是薩摩訶薩不不也世尊即眼觸爲
緣所生諸受寂靜增語是菩薩摩訶薩不

觸為緣所生諸受不寂靜增語是菩薩摩訶
薩不不也世尊即耳鼻舌身意觸為緣所生
諸受不寂靜增語是菩薩摩訶薩不不也世
尊即眼觸為緣所生諸受遠離增語是菩薩
摩訶薩不不也世尊即耳鼻舌身意觸為緣
所生諸受遠離增語是菩薩摩訶薩不不也
世尊即眼觸為緣所生諸受不遠離增語是
菩薩摩訶薩不不也世尊即耳鼻舌身意觸
為緣所生諸受不遠離增語是菩薩摩訶薩
不不也世尊即眼觸為緣所生諸受有為增
語是菩薩摩訶薩不不也世尊即耳鼻舌身
意觸為緣所生諸受有為增語是菩薩摩訶
薩不不也世尊即眼觸為緣所生諸受無為
增語是菩薩摩訶薩不不也世尊即耳鼻舌
身意觸為緣所生諸受無為增語是菩薩摩

BD00286　大般若波羅蜜多經卷一八

身意觸為緣所生諸受无為增語是菩薩摩
訶薩不不也世尊即眼觸為緣所生諸受有
漏增語是菩薩摩訶薩不不也世尊即耳鼻
舌身意觸為緣所生諸受有漏增語是菩薩
摩訶薩不不也世尊即眼觸為緣所生諸受
无漏增語是菩薩摩訶薩不不也世尊即耳
鼻舌身意觸為緣所生諸受无漏增語是菩
薩摩訶薩不不也世尊即眼觸為緣所生諸
受生增語是菩薩摩摩訶薩不不也世尊即耳
鼻舌身意觸為緣所生諸受生增語是菩薩
摩訶薩不不也世尊即眼觸為緣所生諸受
滅增語是菩薩摩訶薩不不也世尊即耳鼻
舌身意觸為緣所生諸受滅增語是菩薩摩

身意觸為緣所生諸受善增語是菩薩摩訶
薩不不也世尊即眼觸為緣所生諸受非善
增語是菩薩摩訶薩不不也世尊即耳鼻舌
身意觸為緣所生諸受非善增語是菩薩摩
訶薩不不也世尊即眼觸為緣所生諸受有
罪增語是菩薩摩訶薩不不也世尊即耳鼻
舌身意觸為緣所生諸受有罪增語是菩薩
摩訶薩不不也世尊即眼觸為緣所生諸受
无罪增語是菩薩摩訶薩不不也世尊即耳
鼻舌身意觸為緣所生諸受无罪增語是菩
薩摩訶薩不不也世尊即眼觸為緣所生諸
受有煩惱增語是菩薩摩訶薩不不也世尊
即耳鼻舌身意觸為緣所生諸受有煩惱增
語是菩薩摩訶薩不不也世尊即眼觸為

語是菩薩摩訶薩不不也世尊即眼觸為
緣所生諸受无煩惱增語是菩薩摩訶薩不
也世尊即耳鼻舌身意觸為緣所生諸受无
煩惱增語是菩薩摩訶薩不不也世尊即眼
觸為緣所生諸受世間增語是菩薩摩訶薩
不不也世尊即耳鼻舌身意觸為緣所生諸
受世間增語是菩薩摩訶薩不不也世尊即
眼觸為緣所生諸受出世間增語是菩薩摩訶
薩不不也世尊即耳鼻舌身意觸為緣所生
諸受出世間增語是菩薩摩訶薩不不也
世尊即眼觸為緣所生諸受雜染增語是菩
薩摩訶薩不不也世尊即耳鼻舌身意觸為
緣所生諸受雜染增語是菩薩摩訶薩不不

爲緣所生諸受清淨增語是菩薩摩訶薩不
不也世尊即眼觸爲緣所生諸受屬生死增
語是菩薩摩訶薩不不也世尊即耳鼻舌身
意觸爲緣所生諸受屬生死增語是菩薩摩
訶薩不不也世尊即眼觸爲緣所生諸受屬
涅槃增語是菩薩摩訶薩不不也世尊即耳
鼻舌身意觸爲緣所生諸受屬涅槃增語是
菩薩摩訶薩不不也世尊即眼觸爲緣所生
諸受在內增語是菩薩摩訶薩不不也世尊
即耳鼻舌身意觸爲緣所生諸受在內增語
是菩薩摩訶薩不不也世尊即眼觸爲緣所
生諸受在外增語是菩薩摩訶薩不不也世
尊即耳鼻舌身意觸爲緣所生諸受在外增
語是菩薩摩訶薩不不也世尊即眼觸爲緣
所生諸受在兩間增語是菩薩摩訶薩不不

所生諸受在兩間增語是菩薩摩訶薩不不
也世尊即耳鼻舌身意觸為緣所生諸受在
兩間增語是菩薩摩訶薩不不也世尊即眼
觸為緣所生諸受可得增語是菩薩摩訶薩
不不也世尊即耳鼻舌身意觸為緣所生諸
受可得增語是菩薩摩訶薩不不也世尊即
眼觸為緣所生諸受不可得增語是菩薩摩
訶薩不不也世尊即耳鼻舌身意觸為緣所
生諸受不可得增語是菩薩摩訶薩不不也
世尊

大般若波羅蜜多經卷第十八

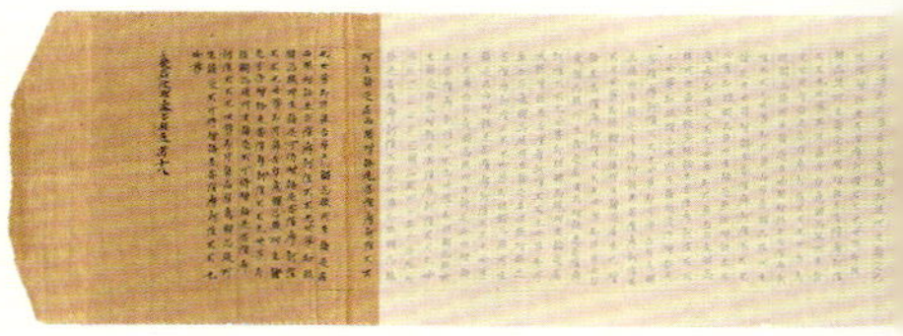

BD00286　大般若波羅蜜多經卷一八

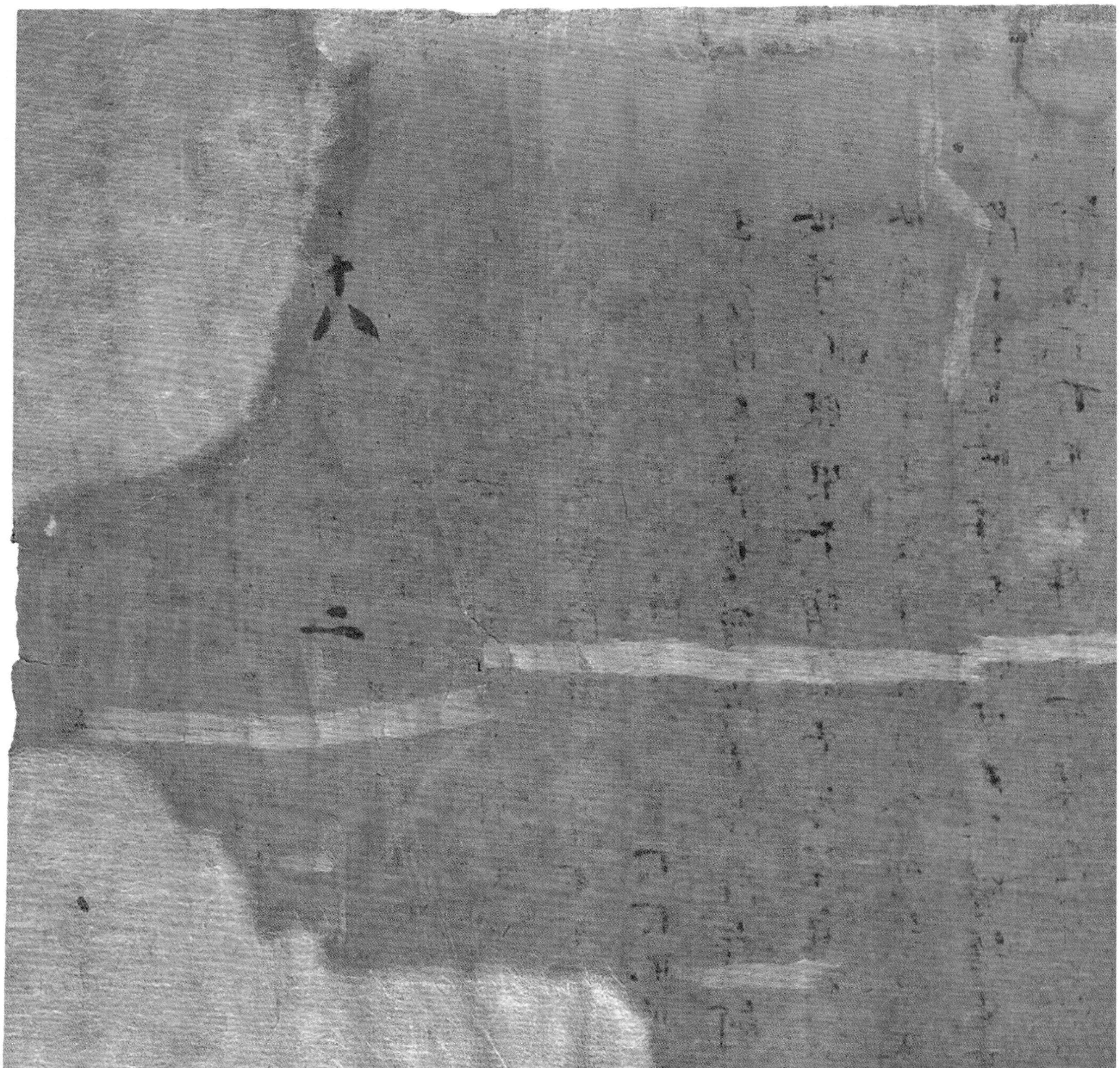

BD00286v　勘記

BD00287 佛頂尊勝陀羅尼經

（唐）佛陀波利 譯

284.5cm × 26cm

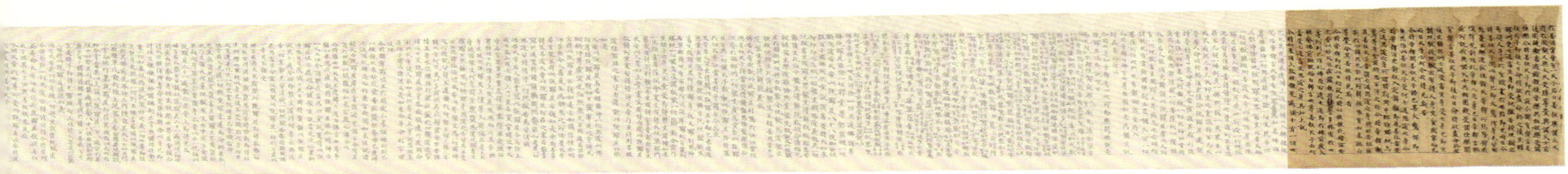

於善法堂會有一天子名曰善住與諸大天
遊於園觀又與大天受勝尊貴與諸天女前
後圍繞歡喜遊戲種種音樂共相娛樂受諸
快樂尒時善住天子即於夜分聞有聲言善
住天子却後七日命將欲盡命終之後生贍
部洲受七返畜生身即受地獄苦從地獄出
希得人身生於貧賤處於母胎即无兩目尒
時善住天子聞此聲已即大驚怖身毛皆竪
愁憂不樂速疾往詣天帝釋所悲啼號哭
惶怖无計頂礼帝釋二足尊已白帝釋言聽
我所說我與諸天女共相圍繞受諸快樂聞
有聲言善住天子却後七日命將欲盡命終之
後生贍部洲七返受畜生身受七身已即生
諸地獄從地獄出希得人身生貧賤家而无

雨目天帝云何令我得免斯苦
尒時帝釋聞善住天子語已甚大驚愕即
自思惟此善住天子受何七返惡道之身尒
時帝釋須臾靜住入定諦觀即見善住當受
七返惡道之身所謂猪狗野干獼猴蟒虵烏
鷲等身食諸穢惡不淨之物尒時帝釋觀
見善住天子當墮七返惡道之身極助苦惱痛
割於心諦思无計何所歸依唯有如來應正
等覺令其善住得免斯苦
尒時帝釋即於此日初夜分時以種種花鬘塗香
末香以妙天衣莊嚴執持往詣多林園於世
尊所到已頂礼佛足右遶七匝即於佛前廣大
供養佛前䠒跪而白佛言世尊善住天子云何
當受七返畜生惡道之身具如上說
尒時如來頂上放種種光遍滿十方一切世

尒時如來頂上放種種光遍滿十方一切世界已其光還来遶佛三迊從佛口入佛便微笑告帝釋言天帝有陁羅尼名爲如来佛頂尊勝能淨一切惡道能淨除一切生死苦惱又能淨除諸地獄閻羅王界畜生之苦又破一切地獄能迴向善道天帝此佛頂尊勝陁羅尼若有人聞一經於耳先世所造一切地獄惡業皆悉消滅當得清淨之身隨所生處憶持不忘從一佛刹至一佛刹從一天界至一天界遍歷三十三天所生之處憶持不忘天帝若人命欲將終須臾憶念陁羅尼還得增壽得身口意淨身无苦痛隨其福利隨處安隱一切如来之所觀視一切天神恒常侍衛爲人所敬惡鄣消滅一切菩薩同心覆護天帝若人能須臾讀誦此陁羅尼者此人所

天帝若人能須臾讀誦此陀羅尼者此人所
有一切地獄畜生閻羅王界餓鬼之苦破壞
消滅无有遺餘諸佛剎土及諸天宮一切
菩薩所住之門无有鄣礙隨意遊入
尒時帝釋白佛言世尊唯願如來為衆生說
增益壽命之法
尒時世尊知帝釋意心之所念樂聞佛說是
陀羅尼法即說呪曰
南无阿(二合)喇耶怛羅夜耶(礼三寶)南无婆伽婆帝
(破一切惡魔)帝隸路迦(三世界)波喇帝毗失瑟吒耶(到寶遍滿三界還至)
(本處過去亦還知)婆伽梵帝(破一切惡魔)怛姪他(地廣大)唵(過)毗戍馱
耶毗戍馱耶(洗諸塵垢是云一切諸惡)娑婆湯婆湯多(三世界總到)嚩摩訶娑
(去聲還至本處)悉破羅儜蔢帝(諸處盡去)伽伽那娑嚩婆婆毗
戍帝(云洗一切衆生罪業盡)阿毗申(去聲)左度湯(罪業總盡)許𠴲哆(到佛住處)秫
羅秫欆鄉(受得佛語)阿蜜栗多毗灑界(大大好)阿(引)訶囉
阿阿羅(總)阿臾敎馱羅寧(救度一)戍馱耶戍馱耶

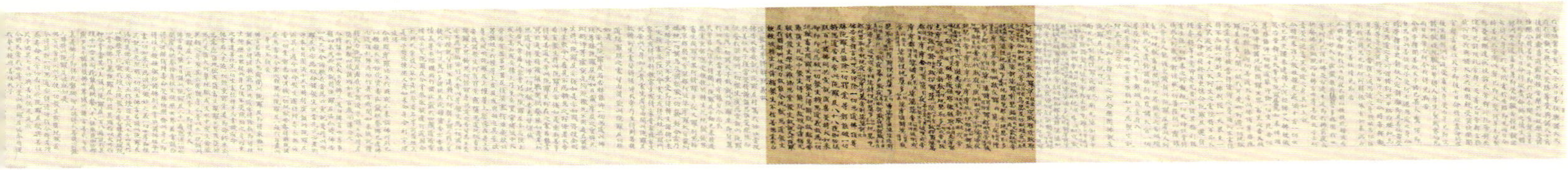

阿訶羅(急行)阿庚散馱羅穿(救度一切衆生)戍馱耶戍馱耶
(洗諸塵垢去一切罪業)伽伽那毗戍帝(洗除塵垢清淨)烏瑟尼沙毗𡾰夜(是此呪名)
波哩戍帝(一切惡病洗盡)娑訶娑羅喇瑟銘(放大光明遍)散祖姪帝
(光遍照諸處)娑婆怛他蘗哆(一切諸佛)地瑟咤那案地瑟耻多
(一切諸佛盡知)摩訶慕帝喇(結印)跋左羅(杵)箇(引)夜(金剛身)僧
訶多那戍帝(得三寶位)娑(一切)婆嚩(罪業罪障)囉那毗戍帝(一切洗淨)波
(一切)囉(衆生苦難處到)帝你代馱夜(引)庚(長命)毗戍帝(一切洗淨)娑(我)瀑夜
地瑟耻帝(知)摩你摩你(我)摩摩你(上我)怛姪他(如許)部馱
俱(十万)知(佛說)波唎戍帝嶶悉浦咤(無有不洗處)勃馱毗戍帝
(佛清淨說呪)𡾰耶(罪業滅)𡾰耶嶶𡾰耶嶶𡾰耶(未得佛位)悉摩囉
悉摩囉(常憶念)薩婆勃馱(一切諸佛)地瑟耻多(一切佛知)戍帝(清淨)跋
折囉跋折囉(金剛杵)跋折囉蘗(心)陛(心中有金剛杵)跋折嚂婆萬
都(得金剛身)摩摩㑑唎嚂箇(引)夜(弟子某乙兼一切衆生身)波哩戍帝
摩摩都(得清淨身)娑婆嵑多(莫生疑)娑婆藝帝(一切惡清淨)波唎戍
帝(一切衆生盡得清淨)娑婆怛他蘗多(一切如來)娑摩濕嚩娑(三世界清淨)羲

帝一切衆生盡得清淨娑婆怛他蘖多一切如来娑摩濕䞟娑三世界清淨鞍
瑟耻帝一切佛知薩䞟怛他蘖哆一切如来湧娑摩濕婆娑迭都
一切佛盡得慕户二合馱夜暮户馱夜菩薩毗部馱夜毗部馱未成菩薩
娑湧多一切波哩戍帝清淨娑縛怛他蘖哆一切如来知地瑟咤
鄉地瑟耻帝吃地夜一切佛心地咒摩訶慕帝剎娑婆訶成就
佛告帝釋言此咒名淨除一切惡道佛頂尊
勝陁羅尼能除一切罪業等鄣能破一切
穢惡道苦天帝此陁羅尼八十八殑伽沙俱
胝百千諸佛同共宣說隨喜受持大如来
智印印之為破一切衆生穢惡道苦故為一切
地獄畜生閻羅王界衆生得解脱故臨急苦
難墮生死海中衆生得解脱故短命薄福无
救護衆生樂造雜染惡業衆生故說又此陁羅
尼於贍部洲住持力故能令地獄惡道衆生
種種流轉生死薄福衆生不信善惡業失正

種種流轉生死薄福衆生不信善惡業失正
道衆生等得解脫義故
佛告天帝我說此陁羅尼付囑於汝汝當授
與善住天子復當受持讀誦思惟愛樂憶念
供養於贍部洲一切衆生廣為宣說此陁羅
尼亦為一切諸天子故說此陁羅尼印付囑
於汝天帝汝當善持守護勿令忘失
天帝若人須臾得聞此陁羅尼千劫已來積造
惡業重鄣應受種種流轉生死地獄餓鬼
畜生閻羅王界阿脩羅身夜叉羅剎鬼神
布單那羯吒布單那阿波娑摩羅蚊盲龜狗
蟒虵一切諸鳥及諸猛獸一切蠢動含靈乃
至蟻子之身更不重受即得轉生諸佛如來
一生補處菩薩同會處生或得大姓婆羅門
家生或得剎利種家生或得豪貴最勝家生
天帝此人身如上貴處生者皆由聞此陁羅尼

天帝此人身如上貴處生者皆由聞此陁羅尼
故轉所生處皆得清淨天帝乃至得到菩提
道場最勝之處皆由讃歎此陁羅尼功德
如是
天帝此陁羅尼名吉祥能淨一切惡道此佛
頂尊勝陁羅尼猶如日藏摩尼之寶淨无
瑕穢淨等虛空光焰照徹无不周遍若諸衆
生持此陁羅尼亦復如是亦如閻浮檀金明
淨柔軟令人喜見不為穢惡之所染著天帝
若有衆生持此陁羅尼亦復如是乘斯善事
得生善道天帝此陁羅尼所在之處若能書
寫流通受持讀誦聽聞供養能如是者一切
惡道皆得清淨一切地獄苦惱皆消滅
佛告天帝若人能書寫此陁羅尼安高幢上
或安高山或安樓上乃至安置窣堵波中天

或安高山或安樓上乃至安置窣堵波中天
帝若有苾蒭苾蒭尼優婆塞優婆夷族姓
男族姓女於幢等上或見或與相近其影映
身或風吹陁羅尼上幢等上塵落在身上天
帝彼諸衆生所有罪業應墮惡道地獄畜生
閻羅王界餓鬼阿脩羅身惡道之苦皆悉不受
亦不為罪垢染汙天帝此等衆生為一切諸佛
之所授記皆得不退轉於阿耨多羅三藐三菩
提天帝何況更以多諸供具花鬘塗香末香幢
幡蓋等衣服瓔珞作諸莊嚴於四衢道造窣
堵波安置陁羅尼合掌恭敬旋遶行道歸命
禮拜天帝彼人能如是供養者名摩訶薩埵真
是佛子持法棟梁又是如来全身舍利窣堵
波塔
尒時閻摩羅法王於時夜分來詣佛所到已

以種種天衣妙花塗香莊嚴供養佛已遶佛
七匝頂礼佛足而作是言我聞如来演說讚
持大力陁羅尼者我常隨逐守護不令持者
墮於地獄以彼隨順如来言教而護念之
尒時護世四天大王遶佛三匝白佛言世尊唯
願如来為我廣說持陁羅尼法尒時佛告
四天王汝今諦聽我當為汝宣說受持此陁
羅尼法亦為短命諸衆生說當先洗浴著新
淨衣白月圓滿十五日時持齋誦此陁羅尼
滿其千遍令短命衆生還得增壽永離病
苦一切業鄣悉皆消滅一切地獄苦亦得解脫諸
飛鳥畜生含靈之類聞此陁羅尼一經於耳盡此
一身更不復受
佛言若遇大惡病聞此陁羅尼即得永離一切
諸病亦得消滅應墮惡道亦得除斷即得往
[illegible]

諸病亦得消滅應墮惡道亦得除斷即得往
生極樂世界從此身已後不受胞胎之身所生
之處蓮華化生一切生處憶持不忘常識宿命
佛言若人先造一切極重罪業遂即命終乘斯
惡業應墮地獄或墮畜生閻羅王界或墮餓
鬼乃至墮大阿鼻地獄或生水中或生禽獸
異類之身取其亡者隨身分骨以土一把誦此
陀羅尼二十一遍散亡者骨上即得生天
佛言若人能日日誦此陀羅尼二十一遍應消一切世
間廣大供養捨身往生極樂世界若常誦念
得大涅槃復增壽命受勝快樂捨此身已即
得往生種種微妙諸佛剎土常與諸佛俱會一
處一切如來恒為演說微妙之義一切世尊即授
其記身光照曜一切剎土佛言若誦此陀羅尼
法於其佛前先取淨土作壇隨其大小方四角作
以種種草花散於壇上燒眾名香右膝著地胡跪

以種種草花散於壇上燒衆名香右膝著地胡跪
心常念佛作慕陀羅尼印屈其頭指以大母指
押合掌當其心上誦此陀羅尼一百八遍訖於其
壇中如雲王雨花能遍供養八十八俱胝殑伽沙那
庾多百千諸佛彼佛世尊咸共讚言善哉希有
真是佛子即得无鄣礙智三昧得大菩提心莊嚴
三昧持此陀羅尼法應如是
佛言天帝我以此方便一切衆生應墮地獄道
令得解脫一切惡道亦得清淨復令持者增
益壽命天帝汝去將我陀羅尼授與善住
天子滿其七日汝與善住俱来見我
尒時天帝於世尊所受此陀羅尼法奉持還
於本天授與善住天子
尒時善住天子受此陀羅尼已滿六日六夜依
法受持一切願滿應受一切惡道等苦即得
解脫住菩提道增壽无量甚大歡喜高

解脫住菩提道增壽无量甚大歡喜高
聲歎言希有如來希有妙法希有明驗甚為
難得令我解脫
尒時帝釋至第七日與善住天子將諸天衆
嚴持花鬘塗香寶幢幡蓋天衣瓔珞微妙
莊嚴往詣佛所設大供養以妙天衣及諸瓔
珞供養世尊遶百千匝於佛前立踊躍歡
喜而坐聽法
尒時世尊舒金色臂摩善住天子頂而為說
法受菩提記佛言此經名淨一切惡道佛頂
尊勝陁羅尼汝當受持尒時大衆聞法歡
喜信受奉行

佛頂尊勝陁羅尼經

BD00288 金光明最勝王經卷一

（唐）義净 譯

BD00288v-1 雜寫

BD00288v-2 殘佛畫 雜寫

BD00288v-3 金光明最勝王經卷一外題

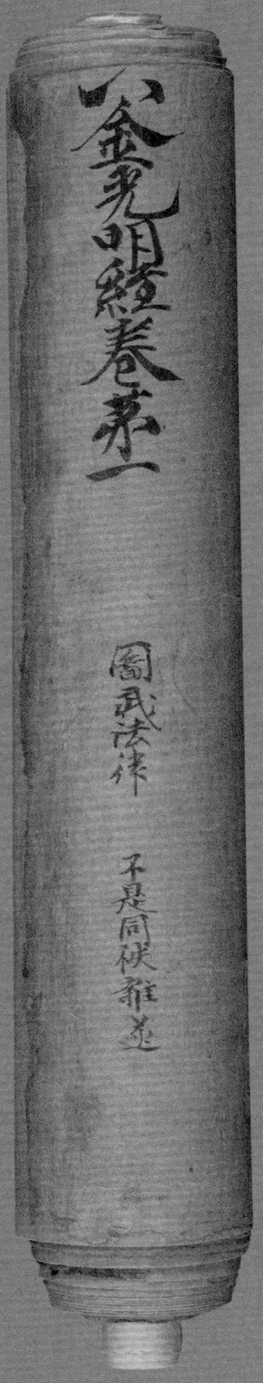

612.9cm × 27cm

金光明最勝王經序品第一
三藏法師義淨奉　制譯
如是我聞一時佛薄伽梵在王舍城鷲峯
山頂於最清淨法界諸佛之境如

煩惱慧善解脫所作已畢捨諸重擔逮得己利
盡諸有結得大自在住清淨戒善巧方便智慧
莊嚴證八解脫已到彼岸其名曰具壽阿若
憍陳如具壽阿說侍多具壽婆濕波具壽
摩訶那摩具壽婆帝利迦大迦攝波優樓頻
螺迦攝伽耶迦攝那提迦攝舍利子大目乾連
阿難陀住於學地如是等諸大聲聞各於晡
時從定而起往詣佛前頂禮佛足右遶三匝
退坐一面
復有菩薩摩訶薩百千万億人俱有大威德
如大龍王名稱普聞衆所知識施戒清淨常
樂奉持忍行精勤經無量劫超諸靜慮繫
念現前開闡慧門善修方便自在遊戲微妙神

念現前開闡慧門善巧方便自在遊戲微妙神
通達得總持辯才無盡斷諸煩惱累染皆三
不久當成一切種智降魔軍衆而擊法鼓
制諸外道令起淨心轉妙法輪度人天衆十方
佛土悉已莊嚴六趣有情無不蒙益成就大
智具足大忍住大慈悲心有大堅固力歷事諸
佛不般涅槃發弘誓心盡未來際常於佛所
深重種淨因於三世法至無生忍逾於二乘所
行境界以大善巧化世間於大師教能敷演
秘密之法甚深實性覺已了知無復疑惑
其名曰無障礙轉法輪菩薩常發心轉法輪菩薩
常精進菩薩不休息菩薩慈氏菩薩妙吉
祥菩薩觀自在菩薩總持自在王菩薩大辯莊

自在菩薩金剛手菩薩歡喜力菩薩大法力菩
薩大莊嚴光菩薩大金光莊嚴菩薩淨戒菩
薩常定菩薩極清淨慧菩薩堅固精進菩薩心
如虛空菩薩不斷大願菩薩施藥菩薩療諸
煩惱病菩薩醫王菩薩歡喜高王菩薩得上授記
菩薩大雲淨光菩薩大雲持法菩薩大雲名稱
喜樂菩薩大雲現無邊稱菩薩大雲師子吼菩
薩大雲牛王菩薩大雲吉祥菩薩大雲威德菩
薩大雲日藏菩薩大雲月藏菩薩大雲星光菩
薩大雲火光菩薩大雲電光菩薩大雲雷音
菩薩大雲慧雨充遍菩薩大雲清淨雨王菩薩
大雲花樹王菩薩大雲青蓮華香菩薩大雲寶
栴檀香清淨身菩薩大雲除闇菩薩大雲破翳

大雲藥樹王菩薩大雲
栴檀香清淨身菩薩大雲陰闇菩薩大雲破冥
菩薩如是等无量大菩薩眾各於晡時從空而越
往詣佛所頂礼佛足右遶三帀退坐一面
復有梨車毗童子五億八千其名曰師子光童
子師子慧童子法授童子因陁羅授童子大光
童子大猛童子佛護童子法護童子僧護童
子金剛護童子虛空護童子虛空吼童子寶
藏童子吉祥妙藏童子如是等人而為上首悉
皆安住无上菩提於大乘中深信歡喜各於晡時
往詣佛所頂礼佛足右遶三帀退坐一面
復有四万二千天子其名曰喜見天子喜悅天子日
光天子月髻天子明慧天子虛空淨慧天子除煩

諸林天衆皆擁護正法有心不懈各於晡時往諸佛
所頂礼佛足右遶三帀退坐一面
復有二万八千龍王蓮華龍王醫羅葉龍王
大力龍王大吼龍王小波龍王持䭾水龍王
金面龍王如意龍王如是等龍王而為上首於大
乘法常樂受持發深信心稱楊擁護各於晡時
往諸佛所頂礼佛足右遶三帀退坐一面
復有三万六千諸藥叉衆毗沙門天王而為
上首其名曰菴婆藥叉持菴婆藥叉蓮華光
藏藥叉蓮華面藥叉嚬眉藥叉現大怖藥叉動地
藥叉吞食藥叉是等藥叉悉皆愛樂如來正法
深心護持不生疲懈各於晡時往諸佛所頂礼
佛足右遶三帀退坐一面
復有四万九千揭路荼王香象勢力王而為上

復有四万九千揭路荼王香象勢力王而為上
首及餘健闥婆阿蘇羅緊那羅莫呼洛伽等山
林河海一切神仙并諸大國所有王衆中宮后妃淨
信男女人天大衆悉皆雲集咸願擁護無上大乘
讀誦受持書寫流布各於晡時往詣佛所頂礼佛
足右遶三帀退坐一面如是等聲聞菩薩人天大
衆龍神八部既雲集已各各至心合掌恭敬瞻
仰尊容目未曾捨願樂欲聞殊勝妙法尒時薄伽
梵於日晡時從定而起觀察大衆而說頌曰
金光明妙法　最勝諸經王　甚深難得聞　諸佛之境界
我當為大衆　宣說如是經　并四方四佛　威神共加護
東方阿閦尊　南方寶相佛　西方無量壽　北方天鼓音
我復演妙法　吉祥懺中勝　能滅一切罪　淨除諸惡業
及消衆苦患　常與無量樂　一切智根本　諸功德莊嚴

親友懷瞋恨　眷屬悉分離　彼此共乖違　珎財皆散失
惡星為變恠　或被邪蠱侵　若復多憂愁　衆苦之所逼
睡眠見惡夢　因此生煩惱　是人當澡浴　應著鮮潔衣
於此妙經王　甚深佛所讚　專注心不亂　讀誦聽受持
由此經威力　能離諸災橫　及餘衆苦難　无不皆除滅
護世四王衆　及大臣眷屬　无量諸藥叉　一心皆擁護
大辯才天女　尼連河水神　訶利底母神　堅牢地神衆
梵王帝釋主　龍王緊那羅　及金翅鳥王　阿蘇羅天衆
如是天神等　并將其眷屬　皆來護是人　晝夜常不離
我當說是經　甚深佛行處　諸佛秘密教　千万劫難逢
若有聞是經　能為他演說　若心生隨喜　或設於供養
如是諸人等　當於无量劫　常為諸天人　龍神所恭敬
此福聚无量　數過於恒河　讀誦是經者　當獲斯功德

此福聚无量　數過於恒河　讀誦是經者　當獲斯功德
亦為十方尊　深行諸菩薩　擁護持經者　令離諸苦難
供養是經者　如前澡浴身　飲食及香花　恒起慈悲意
若欲聽是經　令心淨无垢　常生歡喜念　能長諸功德
若人尊重心　聽聞是經者　善生於人趣　遠離諸苦難
彼人善根熟　諸佛之所讚　方得聞是經　及以懺悔法

金光明最勝王經如來壽量品第二

尒時王舍大城有一菩薩摩訶薩名曰妙幢已
於過去无量俱胝那庾多百千佛所承事供
養殖諸善根是時妙幢菩薩獨於靜處作是
思惟以何因緣釋迦牟尼如來壽命短促唯八
十年復作是念如佛所說有二因緣得壽命長
云何為二一者不害生命二者施他飲食然釋

生乃至己身血宍骨髓亦持施與令得飽滿況
復飲食時彼菩薩於世尊所作是念時以佛威
力其室忽然廣博嚴淨帝青琉璃種種衆寶
雜彩間飾如佛淨土有妙香氣過諸天香芬
馥充滿於其四面各有上妙師子之座四寶所
成以天寶衣而敷其上復於此座有妙蓮華
種種珍寶以爲嚴飾量等如來自然顯現於
蓮華上有四如來東方不動南方寶相西方无
量壽北方天鼓音是四如來各於其座跏趺而
坐放大光明周遍照耀王舍大城及此三千大
千世界乃至十方恒河沙等諸佛國土雨諸天
華奏諸天樂尒時於此贍部洲中及三千大
千世界所有衆生以佛威力受勝妙樂无有乏少

千世界所有衆生以佛威力受勝妙樂无有乏少
若身不具皆蒙具足盲者能視聾者能聞瘂
者能言愚者得智若心亂者得本心若衣无者
得衣服被惡賤者人所敬有垢穢者身清潔於
此世間所有利益未曾有事悉皆顯現
尒時妙幢菩薩見四如來及希有事歡喜踊躍
合掌一心瞻仰諸佛殊勝之相亦復思惟釋迦牟
尼如來无量功德唯於壽命生疑惑心云何如來
功德无量壽命短促唯八十年尒時四佛告妙
幢菩薩言善男子汝今不應思忖如來壽命
長短何以故善男子我等不見諸天世人梵摩
沙門婆羅門等人及非人有能算知佛之壽量
知其齊限唯除无上正遍知者時四如來欲說釋

天神健闥婆阿蘇羅揭路荼緊那羅莫呼洛
伽及无量百千万億那庾多菩薩摩訶薩悉
来集會入妙幢菩薩淨妙室中尒時四佛於大
衆中欲顯釋迦牟尼如来所有壽命而説頌曰
一切諸海水　可知其渧數　无有能數知　釋迦之壽量
拆諸妙高山　如芥可知數　无有能數知　釋迦之壽量
一切大地土　可知其塵數　无有能筭知　釋迦之壽量
假使量虛空　可得盡邊際　无有能度知　釋迦之壽量
若人住億劫　盡力常筭數　亦復不能知　世尊之壽量
不害衆生命　及施於飲食　由斯二種因　得壽命長遠
是故大覺尊　壽命難知數　如劫无邊際　壽命亦如是
妙幢汝當知　不應起疑惑　最勝壽无量　莫能知數者
尒時妙幢菩薩聞四来説釋迦牟尼佛壽量
无限白言世尊云何如来示現如是短促壽量時

无限白言世尊云何如來示現如是短促壽量時
四世尊告妙幢言善男子彼釋迦牟尼佛於五
濁世出現之時人壽百歲稟性下劣善根微薄
復无信解此諸衆生多有我見人見衆生見
壽者見養育邪見我我所見斷常見等為欲
利益此諸異生及衆外道如是等類令生正解
速得成就无上菩提是故釋迦牟尼如來示現如
是短促壽命善男子然彼如來欲令衆生見涅
槃已生難遭想憂苦等想於佛世尊所說經教速
當受持讀誦通利為人解說不生謗毀是故
如來現斯短壽何以故彼諸衆生若見如來不般
涅槃不生恭敬難遭之想如來所說甚深經典亦

有財產珍寶豐盈便於財物不生希有難遭之
想所以者何於父財物生常想故善男子彼諸
衆生亦復如是若見如來不入涅槃不生希有
難遭之想所以者何由常見故善男子譬如有人
父母貧窮資財乏少然彼貧人或詣王家或大臣
舍見其倉庫種種珍寶悉皆盈滿生希有心難
遭之想時彼貧人為欲求財廣設方便策勤无
怠所以者何為捨貧窮受安樂故善男子彼諸
衆生亦復如是若見如來入於涅槃生難遭想
乃至憂苦等想復作是念於无量劫諸佛如來
出現於世如烏曇跋花時乃一現彼諸衆生發
希有心起難遭想若遇如來心生敬信聞說正
法生實語想所有經典悉皆受持不生毀謗善

法生實語想所有經典悉皆受持不生毀謗善
男子以是因緣彼佛世尊不久住世速入涅槃
善男子是諸如來以如是等善巧方便成熟衆
生尒時四佛說是語已忽然不見
尒時妙幢菩薩摩訶薩與無量百千菩薩及
無量億那庾多百千衆生俱共往詣鷲峯山
中釋迦牟尼如來正遍知所頂禮佛足在一面立
時妙幢菩薩以如上事具白世尊時四如來亦
詣鷲峯至釋迦牟尼佛所各隨本方就座而
坐告侍者菩薩言善男子汝今可詣釋迦牟
尼佛所為我致問少病少惱起居輕利安樂行
不復作是言善哉善哉釋迦牟尼如來今可演
說金光明經甚深法要為欲饒益一切衆生除

天人師致問无量少病少惱起居輕利安樂行
不復作是言善哉善哉釋迦牟尼如來今可
演說金光明經甚深法要為利一切衆生除
去飢饉令得安樂尒時釋迦牟尼如來應正等
覺告彼侍者諸菩薩言善哉善哉彼四如來
乃能為諸衆生饒益安樂勸請於我宣揚正
法尒時世尊而說頌曰
我常在鷲山　宣說此經寶　成就衆生故　示現般涅槃
凡夫起邪見　不信我所說　為成就彼故　示現般涅槃
時大會中有婆羅門姓憍陳如名曰法師授記與
无量百千婆羅門衆供養佛已聞世尊若實如
來於諸衆生有大慈悲憐愍利益令得安樂猶
如父母餘无等者能與世間作歸依處如淨滿

如父母餘无等者能與世間作歸依處如淨滿
月以大智慧能為照明如日初出普觀衆生愛
无偏黨如羅怙羅唯願世尊施我一願
尒時世尊默然而止佛威力故於此衆中有梨
車毗童子名一切衆生喜見語婆羅門憍陳
如言大婆羅門汝今從佛欲乞何願我能與汝
婆羅門言童子我欲供養无上世尊今從如來
求諸舍利如芥子許何以故我曾聞說若善男
子善女人得佛舍利如芥子許供養恭敬是人
當生三十三天而為帝釋是時童子語婆羅門
曰若欲願生三十三天受勝報者應當至心聽
是金光明最勝王經於諸經中最為殊勝難
解難入聲聞獨覺所不能知此經能生无量无
邊福德果報乃至成辦无上菩提我今為汝略說

難解難入聲聞獨覺尚不能知何況我等邊
鄙之人智慧微淺不能解了是故我今求佛
舍利如芥子許持還本處置寶函中恭敬供
養命終之後得為帝王常受安樂云何汝今
不能為我從明行足求斯一願作是語已爾時
童子即為婆羅門而說頌曰
恒河駛流水　可生白蓮華　黃鳥作白形　黑烏變為赤
假使贍部樹　可生多羅葉　朅羅樹枝中　能出菴羅菓
斯等希有物　或容可轉變　世尊之舍利　畢竟不可得
假使用龜毛　織成上妙服　寒時可披著　方求佛舍利
假使蚊蚋足　可使成樓觀　堅固不動搖　方求佛舍利
假使水蛭蟲　口中生白齒　長大利如鋒　方求佛舍利
假使持兔角　用成於梯蹬　可昇上天宮　方求佛舍利

假使持兔角 用成於梯蹬 可昇上天宮 方求佛舍利
鼠緣此梯上 除去阿蘇羅 能障空中月 方求佛舍利
若蠅飲酒醉 周行村邑中 廣造於舍宅 方求佛舍利
若使驢脣色 赤如頻婆菓 善作於歌舞 方求佛舍利
烏與鵂鶹鳥 同共一處遊 彼此相順從 方求佛舍利
假使波羅葉 可成於傘蓋 能遮於大雨 方求佛舍利
假使大舩舶 盛滿諸財寶 能令陸地行 方求佛舍利
假令鷦鷯鳥 以嘴銜香山 隨處任遊行 方求佛舍利
尒時法師授記婆羅門聞此頌已亦以伽他荅一
切衆生喜見童子曰
善哉大童子 此衆中吉祥 善巧方便心 得佛无上記
如來大威德 能救護世間 仁可至心聽 我今次第說
諸佛境難思 世間无與等 法身性常住 脩行无差別
諸佛體皆同 所說法亦尒 諸佛无作者 亦復本无生

佛非血肉身　云何有舍利　方便留身骨　為益諸衆生
法身是正覺　法界即如來　此是佛真身　亦說如是法
尒時會中三万二千天子聞說如來壽命長遠
皆發阿耨多羅三藐三菩提心歡喜踊躍得未
曾有異口同音而說頌曰
佛不般涅槃　正法亦不滅　為利衆生故　示現有滅盡
世尊不思議　妙體无異相　為利衆生故　現種種庄嚴
尒時妙幢菩薩親於佛前及四如來并二大士
諸天子所聞說釋迦牟尼如來壽量事已復從
座起合掌恭敬白佛言世尊若實如是諸佛如
來不般涅槃无舍利者云何經中說有涅槃及
佛舍利令諸人天恭敬供養過去諸佛現有身
骨流布於世人天供養得福无邊今復言无致

骨流布於世人天供養得福无邊今復言无致
生疑惑唯願世尊哀愍我等廣為分別
尒時佛告妙幢菩薩及諸大衆汝等當知云
般涅槃有舍利者是密意說如是之義當一心
聽善男子菩薩摩訶薩如是之義有其十法能
解如來應正等覺真實理趣說有究竟大般
涅槃云何為十一者諸佛如來究竟斷盡諸煩
惱障所知障故名為涅槃二者諸佛如來善能
解了有情无性及法无性故名為涅槃三者能
轉身依及法依故名為涅槃四者於諸有情任
運休息化因緣故名為涅槃五者證得真實无
差別相平等法身故名為涅槃六者了知生死
及以涅槃无二性故名為涅槃七者於一切法了
其根本證清淨故名為涅槃八者於一切法无生

平等得正智故名爲涅槃十者於諸法性及涅槃
性得无差別故名爲涅槃是謂十法說有涅槃
復次善男子菩薩摩訶薩如是應知復有十法能
解如來應正等覺真實理趣說有究竟大般涅
槃云何爲十一者一切煩惱以樂爲欲本本從樂欲
生諸佛世尊斷樂欲故名爲涅槃二者以諸如來
斷諸樂欲不取一法以不取故无去无來无所取故
名爲涅槃三者以无去來及无所取是則法身不
生不滅无生无滅故名爲涅槃四者此无生滅非言
所宣言語斷故名爲涅槃五者无有我人唯法生
滅得轉依故名爲涅槃六者煩惱隨惑皆是客塵
法性无主无來无去佛了知故名爲涅槃七者真
如是實餘皆虛妄實性體者即是真如真如性

如是實餘皆虛妄實性體者即是真如真如性
者即是如來名為涅槃八者實際之性无有戲
論唯獨如來證實際法戲論永除名為涅槃九
生是實生是虛妄愚癡之人漂溺生死如來體
實无有虛妄名為涅槃十者不實之法是從緣生
真實之法不從緣起如來法身體是真實名為涅槃
善男子是謂十法說有涅槃
復次善男子菩薩摩訶薩如是應知復有十法
能解如來應正等覺真實理趣說有究竟大
般涅槃云何為十一者如來善知施及施果无我
我所此施及果不正分別永除滅故名為涅槃二者
如來善知戒及戒果无我我所此戒及果不正分
別永除滅故名為涅槃三者如來善知忍及忍果

不正分別永除滅故名為涅槃五者如來善知定
及定果无我我所此定及果不正分別永除滅故
名為涅槃六者如來善知慧及慧果无我我所
此慧及果不正分別永除滅故名為涅槃七者諸
佛如來善能了知一切有情非有情一切諸法皆
无自性不正分別永除滅故名為涅槃八者若自愛
者便起追求由追求故受諸苦惱諸佛如來除自
愛故永絕追求无追求故名為涅槃九者有為
之法皆有數量无為法者數量皆除佛離有為證无
為法无數量故名為涅槃十者如來了知有情及
法體性皆空離空非有空性即是真法身故名為
涅槃善男子是謂十法說有涅槃

BD00288　金光明最勝王經卷一

涅槃善男子是謂十法說有涅槃
復次善男子豈唯如来不般涅槃是為希有復
有十種希有之法是如来行云何為十一者生死
過失涅槃寂靜由於生死及以涅槃證平等故
不棄流轉不住涅槃於諸有情不生厭背是如来
行二者佛於衆生不作是念此諸愚夫行顛倒見
為諸煩惱之所纏迫我今開悟令其解脫然由
往昔慈善根力於彼有情隨所根性意樂勝
解不起分別任運濟度示教利喜盡未来際无
有窮盡是如来行三者佛无是念我今演說十
二分教利益有情然由往昔慈善根力於彼有
情廣說乃至盡未来際无有窮盡是如来行
四者佛无是念我今往彼城邑聚落王及大臣婆
羅門刹帝利吠舍戍達羅等[illegible]

而行乞食是如來行五者如來之身無有飢渴亦
無便利羸惙之想雖行乞食而無所食亦無分
別然爲任運利益有情是有食相是如來行六者
佛無是念此諸衆生有上中下隨彼機性而爲說
法然佛世尊無有分別隨其器量善應機緣爲
說念此類有情不
言不能與彼共爲
我常於我所共讚歎我
是言說然而如來起慈悲心平等無
二是如來行八者諸佛如來無有愛憎憍慢貪
悋及諸煩惱然而如來常樂寂靜讚歎少欲離
諸諠鬧是如來行九者如來無有一法不知不善
通達於一切處鏡智現前無有分別然而如來
見彼有情所作事業隨彼意轉方便誘引令

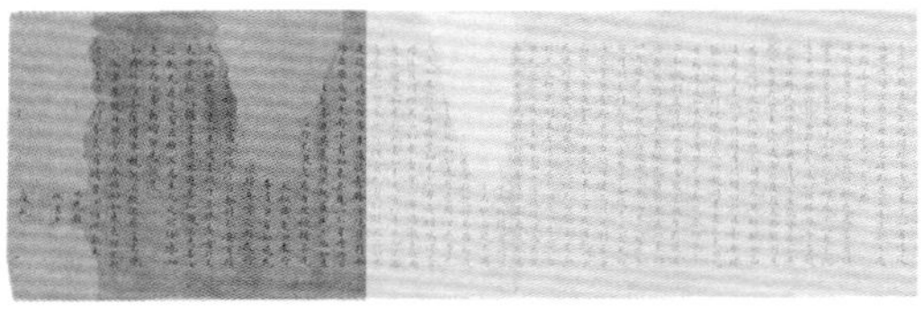

見彼有情所住事業隨彼意轉方便誘引令
得出離是如來行十者如來若見一分有情得富
生歡喜見其衰損不起憂感然而如来
心行无是大慈自然救攝若見
然救攝是如来行
等覺説有如是无
涅槃真實之相或時
般涅槃者是權方便乃留舍利令諸有情
恭敬供養皆是如來慈善根力若供養者於未
來世遠離八難逢事諸佛遇善知識不失善心
福報无邊速當出離不爲生死之所纏縛如
是妙行汝等勤脩勿爲放逸
尒時妙幢菩薩聞佛親説不般涅槃及甚深

普益有情身心踊悅歎

生无數

根三生

達礼

五二

BD00288v-1　雜寫　BD00288v-2　殘佛畫 雜寫

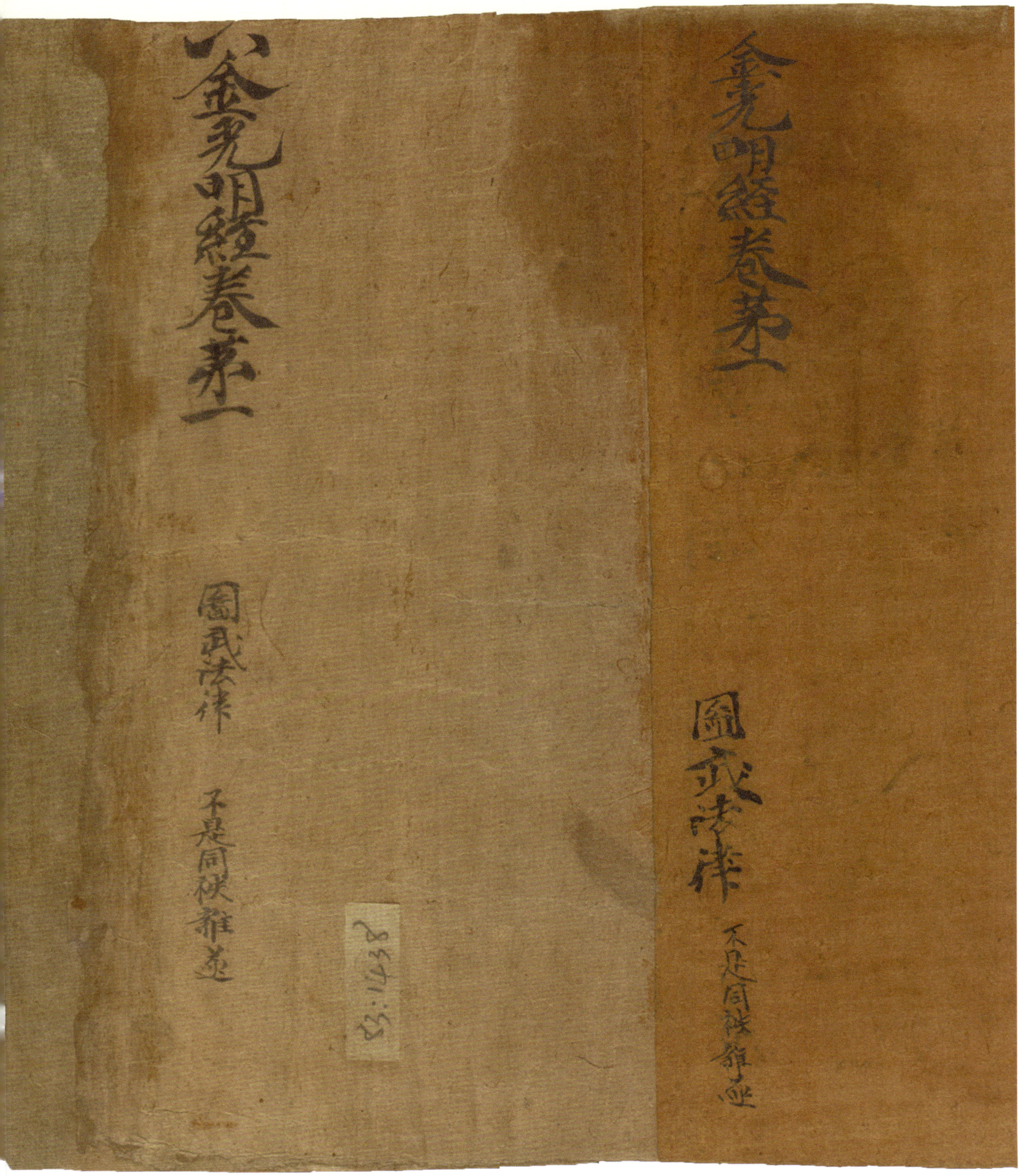

BD00288v-3　金光明最勝王經卷一外題

BD00289 妙法蓮華經卷二

（後秦）鳩摩羅什 譯

293.8cm × 25.6cm

妙法蓮華經譬喻品第三

尒時舍利弗踊躍歡喜即起合掌瞻仰尊
顏而白佛言今從世尊聞此法音心懷踊躍
得未曾有所以者何我昔從佛聞如是法見諸
菩薩受記作佛而我等不預斯事甚自感傷
失於如來无量知見世尊我常獨處山林樹
下若坐若行每作是念我等同入法性云何
如來以小乘法而見濟度然是我咎非世尊
也所以者何若我等待說所因成就阿耨多
羅三藐三菩提者必以大乘而得度脫然我
等不解方便隨宜所說初聞佛法遇便信受
思惟取證世尊我從昔來終日竟夜每自剋
責而今從佛聞所未聞未曾有法斷諸疑悔

身意泰然快得安隱今日乃知真是佛子從
佛口生從法化生得佛法分尒時舍利弗欲
重宣此義而說偈言
我聞是法音　得所未曾有　心懷大歡喜　疑網皆已除
昔來蒙佛教　不失於大乘　佛音甚希有　能除眾生惱
我已得漏盡　聞亦除憂惱　我處於山谷　或在林樹下
若坐若經行　常思惟是事　嗚呼深自責　云何而自欺
我等亦佛子　同入无漏法　不能於未來　演說无上道
金色三十二　十力諸解脫　同共一法中　而不得此事
八十種妙好　十八不共法　如是等功德　而我皆已失
我獨經行時　見佛在大眾　名聞滿十方　廣饒益眾生
自惟失此利　我為自欺誑　我常於日夜　每思惟是事
欲以問世尊　為失為不失　我常見世尊　稱讚諸菩薩
以是於日夜　籌量如此事　今聞佛音聲　隨宜而說法

欲以問世尊　為失為不失　我常見世尊　稱讚諸菩薩
以是於日夜　籌量如此事　今聞佛音聲　隨宜而說法
无漏難思議　令衆至道場　我本著耶見　為諸梵志師
世尊知我心　拔耶說涅槃　我悉除耶見　於空法得證
尒時心自謂　得至於滅度　而今乃自覺　非是實滅度
若得作佛時　具三十二相　天人夜叉衆　龍神等恭敬
是時乃可謂　永盡滅无餘　佛於大衆中　說我當作佛
聞如是法音　疑悔悉已除　初聞佛所說　心中大驚疑
將非魔作佛　惱亂我心耶　佛以種種緣　譬喻巧言說
其心安如海　我聞疑網斷　佛說過去世　无量滅度佛
安住方便中　亦皆說是法　現在未來佛　其數无有量
亦以諸方便　演說如是法　如今者世尊　從生及出家
得道轉法輪　亦以方便說　世尊說實道　波旬无此事
以是我定知　非是魔作佛　我墮疑網故　謂是魔所為

疑悔永已盡　安住實智中　我定當作佛　為天人所敬
轉无上法輪　教化諸菩薩
尒時佛告舍利弗吾今於天人沙門婆羅門
等大衆中說我昔曾於二万億佛所為无上
道故常教化汝汝亦長夜隨我受學我以方
便引導汝故生我法中舍利弗我昔教汝志
願佛道汝今悉忘而便自謂已得滅度我今
還欲令汝憶念本願所行道故為諸聲聞說
是大乘經名妙法蓮華教菩薩法佛所護念
舍利弗汝於未來世過无量无邊不可思議
劫供養若干千万億佛奉持正法具足菩薩
所行之道當得作佛号曰華光如來應供正
遍知明行足善逝世間解无上士調御丈夫

BD00289　妙法蓮華經卷二

所行之道當得作佛号曰華光如來應供正
遍知明行足善逝世間解无上士調御丈夫
天人師佛世尊國名離垢其土平正清淨嚴
飾安隱豐樂天人熾盛琉璃爲地有八交道
黄金爲繩以界其側其傍各有七寶行樹常
有華菓華光如來亦以三乘教化衆生舍利
弗彼佛出時雖非惡世以本願故說三乘法
其劫名大寶莊嚴何故名曰大寶莊嚴其國
中以菩薩爲大寶故彼諸菩薩无量无邊不
可思議筭數譬喻所不能及非佛智力无能
知者若欲行時寶華承足此諸菩薩非初發
意皆久殖德本於无量百千万億佛所淨脩
梵行恒爲諸佛之所稱歎常脩佛慧具大神
通善知一切諸法之門質直无僞志念堅固

如是菩薩充滿其國舍利弗華光佛壽十二
小劫除為王子未作佛時其國人民壽八小
劫華光如來過十二小劫授堅滿菩薩阿耨
多羅三藐三菩提記告諸比丘是堅滿菩薩
次當作佛号曰華足安行多陁阿伽度阿羅
訶三藐三佛陁其佛國土亦復如是舍利弗
是華光佛滅度之後正法住世三十二小劫
像法住世亦三十二小劫尒時世尊欲重宣
此義而說偈言

舍利弗來世　成佛普智尊　号名曰華光　當度无量衆
供養无數佛　具足菩薩行　十力等功德　證於无上道
過无量劫已　劫名大寶嚴　世界名離垢　清淨无瑕穢
以琉璃為地　金繩界其道　七寶雜色樹　常有華菓實
彼國諸菩薩　志念常堅固　神通波羅蜜　皆已悉具足

以琉璃為地 金繩界其道 七寶雜色樹 常有華菓實
彼國諸菩薩 志念常堅固 神通波羅蜜 皆已悉具足
於无數佛所 善學菩薩道 如是等大士 華光佛所化
佛為王子時 棄國捨世榮 於㝡末後身 出家成佛道
華光佛住世 壽十二小劫 其國人民衆 壽命八小劫
佛滅度之後 正法住於世 三十二小劫 廣度諸衆生
正法滅盡已 像法三十二 舍利廣流布 天人普供養
華光佛所為 其事皆如是 其兩足聖尊 㝡勝无倫匹
彼即是汝身 宜應自欣慶
尒時四部衆比丘比丘尼優婆塞優婆夷天
龍夜叉乾闥婆阿脩羅迦樓羅緊那羅摩睺
羅伽等大衆見舍利弗於佛前受阿耨多羅
三藐三菩提記心大歡喜踊躍无量各各脫
身所著上衣以共養佛釋提桓因梵天王

與无數天子亦以天妙衣天曼陀羅華摩訶
曼陀羅華等供養於佛所散天衣住虛空中
而自迴轉諸天伎樂百千万種於虛空中一
時俱作雨衆天華而作是言佛昔於波羅柰
初轉法輪今乃復轉无上最大法輪尒時諸
天子欲重宣此義而說偈言

昔於波羅柰　轉四諦法輪　分別說諸法　五衆之生滅
今復轉最妙　无上大法輪　是法甚深奧　少有能信者
我等從昔來　數聞世尊說　未曾聞如是　深妙之上法
世尊說是法　我等皆隨喜　大智舍利弗　今得受尊記
我等亦如是　必當得作佛　於一切世間　最尊无有上
佛道叵思議　方便隨宜說　我所有福業　今世若過世
及見佛功德　盡迴向佛道

尒時舍利弗白佛言世尊我今无復疑悔親

及見佛功德　盡迴向佛道
尒時舍利弗白佛言世尊我今无復疑悔親
於佛前得受阿耨多羅三藐三菩提記是諸
千二百心自在者昔住學地佛常教化言我
法能離生老病死究竟涅槃是學无學人亦
各自以離我見及有无見等謂得涅槃而今
於世尊前聞所未聞皆墮疑惑善哉世尊願
為四衆說其因緣令離疑悔尒時佛告舍利
弗我先不言諸佛世尊以種種因緣譬喻言
辭方便說法皆為阿耨多羅三藐三菩提耶
是諸所說皆為化菩薩故然舍利弗今當復
以譬喻更明此義諸有智者以譬喻得解舍
利弗若國邑聚落有大長者其年衰邁財富
无量多有田宅及諸僮僕其家廣大唯有一

門多諸人衆一百二百乃至五百人止住其
中堂閣朽故墻壁頹落柱根腐敗梁棟傾危
周帀俱時欻然火起焚燒舍宅長者諸子若
十二十或至三十在此宅中長者見是大火
從四面起即大驚怖而作是念我雖能於此
所燒之門安隱得出而諸子等於火宅內樂
著嬉戲不覺不知不驚不怖火來逼身苦痛
切己心不猒患无求出意舍利弗是長者作
是思惟我身手有力當以衣祴若以几案從
舍出之復更思惟是舍唯有一門而復狹小
諸子幼稚未有所識戀著戲處或當墮落為
火所燒我當為說怖畏之事此舍已燒宜時
疾出无令為火之所燒害作是念已如所思
惟具告諸子汝等速出父雖憐愍善言誘喻

疾出无令為火之所燒害作是念已如所思
惟具告諸子汝等速出父雖憐愍善言誘喻
而諸子等樂著嬉戲不肯信受不驚不畏了
无出心亦復不知何者是火何者為舍云何
為失但東西走戲視父而已尒時長者即作
是念此舍已為大火所燒我及諸子若不時
出必為所焚我今當設方便令諸子等得免
斯害父知諸子先心各有所好種種珎玩奇異
之物情必樂著而告之言汝等所可玩好希
有難得汝若不取後必憂悔如此種種羊
車鹿車牛車今在門外可以遊戲汝等於此
火宅宜速出来隨汝所欲皆當與汝尒時諸
子聞父所說珎玩之物適其願故心各勇鋭
互相推排競共馳走爭出火宅是時長者見

諸子等安隱得出皆於四衢道中露地而坐
无復障礙其心泰然歡喜踊躍時諸子等各
白父言父先所許玩好之具羊車鹿車牛車
願時賜與舍利弗尒時長者各賜諸子等一
大車其車高廣衆寶莊校周帀欄楯四面懸
鈴又於其上張設幰蓋亦以珎奇雜寶而嚴
飾之寶繩交絡垂諸華纓重敷綩綖安置丹
枕駕以白牛膚色充潔形體姝好有大筋力
行步平正其疾如風又多僕從而侍衛之所
以者何是大長者財富无量種種諸藏悉皆
充溢而作是念我財物无極不應以下劣小
車與諸子等今此幼童皆是吾子愛无偏黨
我有如是七寶大車其數无量應當等心各
各與之不宜差別所以者何以我此物周給

各與之不宜差別所以者何以我此物周給
一國猶尚不匱何況諸子是時諸子各乘大
車得未曾有非本所望舍利弗於汝意云何
是長者等與諸子珎寶大車寧有虛妄不
舍利弗言不也世尊是長者但令諸子得免火
難全其軀命非為虛妄何以故若全身命便
為已得玩好之具況復方便於彼火宅而拔
濟之世尊若是長者乃至不與冣小一車猶
不虛妄何以故是長者先作是意我以方便
令子得出以是因緣无虛妄也何況長者自
知財富无量欲饒益諸子等與大車佛告舍

BD00290　金剛壇廣大清净陀羅尼經

（唐）曇倩　譯

204.6cm×26cm

佛言　室利如是如是有諸菩薩[illegible]一切
門能[illegible]　方便演說無量字句如是一字
無所增減有諸菩薩方便證入一法門中亦
復能令一切法門皆現在前相續說法辯才
無斷具足清淨梵音聲相有諸菩薩方便
能於一法句中入於一切無量法門亦復能
以無量法門入一法門法性圓融虛通無礙
曼殊室利天之境界天之相貌及一切法即
是清淨陀羅尼即所行足跡曼殊室利白
佛言世尊云何說言天之境界天之相貌則
是清淨陀羅尼性佛言曼殊室利一切諸法
從無始際法尒具足真如淨界無差別相能
而一切三界六道為行[illegible]緣人是因緣天之

切界龍之相貌當知即是入一切法陀羅尼
性曼殊室利龍之境界龍之相貌及一切
法即是清淨陀羅尼印所行之跡曼殊室
利白佛言世尊云何說言龍之境界龍之
相貌則是清淨陀羅尼性佛言曼殊室利一切
諸法性離名字及言說相要因名字及諸言
說而能證顯一切法性當知即是龍之境界
龍之相貌入一切法陀羅尼性曼殊室利藥
叉境界藥叉相貌及一切法即是清淨陀羅
尼印所行之跡曼殊室利白佛言世尊以何
因緣說言藥叉境界藥叉相貌則是清淨陀
羅尼性佛言曼殊室利藥叉體相依於法性
建立差別無有真實所以者何一切法性本
來寂滅無生滅故無定性故當知即是藥

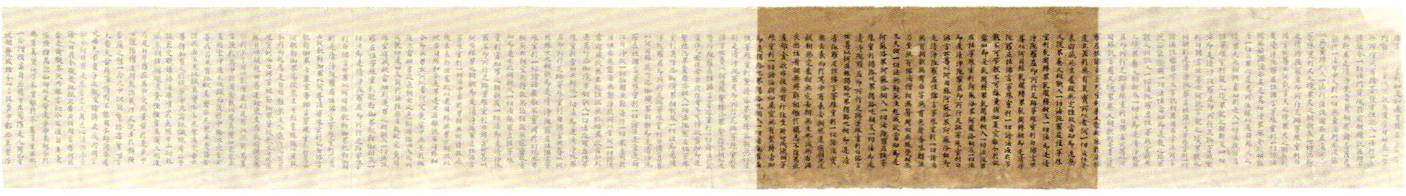

羅尼性佛言𡚱殊室利藥叉體相依於法於
建立差別無有真實所以者何一切法性本
來寂滅無生處故無定性故當知即是藥
叉境界藥叉相貌入一切法陁羅尼性𡚱殊
室利乾闥縛界乾闥縛相及一切法即是清
淨陁羅尼即所行之跡𡚱殊室利白佛言世
尊以何因緣乾闥縛界乾闥縛相即是清淨
陁羅尼性佛言𡚱殊室利一切諸法過於筭
數不可筭數不可稱量猶如虚空離分別故
當知即是乾闥縛界乾闥縛相入一切法陁羅
尼性𡚱殊室利阿蘇洛界阿蘇洛相及一切法
即是清淨陁羅尼即所行之跡𡚱殊室利白
佛言世尊以何因緣阿蘇洛界阿蘇洛相即
是清淨陁羅尼性佛言𡚱殊室利一切諸法

無相[illegible]象無相名字無相色聲香味觸法
乃至無有佛法僧相無聲聞相無緣覺相無
凡夫相一切法無動無生起滅故當知即是
阿蘇洛界阿蘇洛相入一切法陁羅尼性曼
殊室利揭路吒界揭路吒相及一切法即是
清淨陁羅尼印所行足跡曼殊室利白佛言
世尊以何因緣揭路吒界揭路吒相即是清
清陁羅尼性佛言曼殊室利一切諸法實
無去來而於其中有來去相無速疾相無遲
緩相無定來相無定去相無生無滅無有漏
失無住著相無縛解相離於瞋恚不墮愚癡
遠離貪欲亦復無有行住坐卧四威儀相曼
殊室利一切諸法猶如虛空無有繫縛當知
即是揭路吒界揭路吒相入一切法陁羅尼

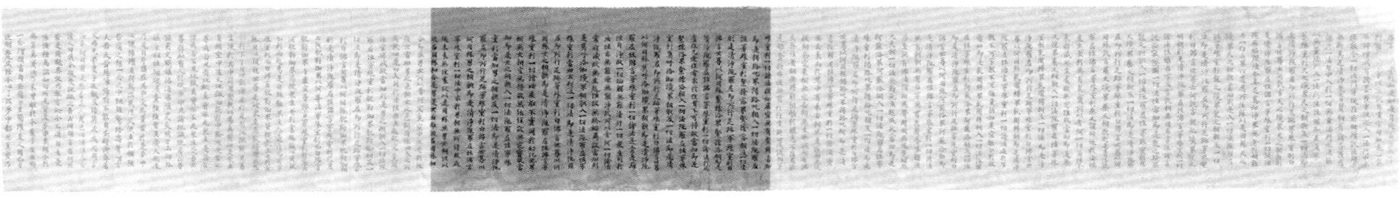

殊室利一切諸法猶如虛空無有繫縛當知
即是揭路吒界揭路吒相入一切法陁羅尼
性曼殊室利緊捺落界緊捺落相及一切法
則是清淨陁羅尼印所行足跡曼殊室利白
佛言世尊以何因緣緊捺洛界緊捺洛相即是
清淨陁羅尼性佛言曼殊室利一切諸法於過
造作无造作者求於作者不可得故當知即是
緊捺洛界緊捺洛相入一切法陁羅尼性曼殊
室利莫呼洛伽境界相貌及一切法即是清
淨陁羅尼印所行足跡曼殊室利白佛言世尊
以何因緣莫呼洛伽境界相貌即是清淨陁
羅尼性佛言曼殊室利一切諸法是常是遍
性自淨故一切垢觸無能染汙一切衆生同於
法性亦無能染無能淨故所以者何一切諸法

常寂滅故無生起性故無繫女異故當知則
是莫呼洛伽境界相貌入一切法陁羅尼性㝵
殊室利當知女相及一切法即是清淨陁羅
尼印所行足跡㝵殊室利白佛言世尊以何
因緣女之相貌即是清淨陁羅尼性佛言㝵
殊室利一切諸法虚誑不實同於幻化無男
相無女相空無得故無依住故無定實故當
知即是女之相貌入一切法陁羅尼性㝵殊
室利當知男之相貌及一切法即是清淨陁
羅尼印所行足跡㝵殊室利白佛言世尊以
何因緣男之相貌即是清淨陁羅尼性佛言
㝵殊室利一切法中求於男相無所得故過
現未來無住處故以是因緣無男女相但以
假名因緣和合是男是女皆離假名因緣和

假名因緣和合是男是女若離假名因緣和
合即無男女所以者何究竟空中無差別故
復次當知男之色相女之色相因依四大之所
成就如是四大同於法性無生起故究竟歸
依空寂滅故當知則是男之相貌入一切法陁
羅尼性曼殊室利舵勒伽界舵勒伽相及一
切法即是清淨陁羅尼印所行足跡曼殊室
利白佛言世尊以何因緣舵勒伽界舵勒伽相
則是清淨陁羅尼性佛言曼殊室利於意
云何舵勒伽界以何等法曼殊室利而白佛言
舵勒伽界与虛空等佛言曼殊室利於意云
何舵勒伽界為從衆生差別業緣識心變現

殊室利而白佛言[illegible]

緣自心現起世尊是諸衆生愚癡暗鬧妄想

分別不了自心影像虛幻見有地獄餓鬼畜

生便於其中計著堅執以爲真實如是衆生

妄想空中建立地獄而復於中輪迴受苦世

尊我若見有地獄真實亦見衆生受諸苦

惱我若不見地獄真實亦不見衆生受苦世

尊譬如有人於眠夢中見諸地獄縱廣正等

猛炎交熾鑊湯涌沸爐炭炎然刀山劍林

鐵床銅柱熖煨屎糞種種苦具廣大無邊

乃見自身墮在其中受無量苦於是夢中

心懷怖懼迷悶熱惱戰汗交流生於種種

苦痛之想一念之中怛然驚悟高聲唱言

大苦大苦悲啼號哭不能自安特諸眷屬

BD00290　金剛壇廣大清淨陀羅尼經

大苦大苦悲啼號哭不能自安時諸眷屬
父母兄弟妻子近親及諸隣友咸共問言
汝今何因有是愁苦是人聞已心懷惱恚告
諸人曰我今現受地獄之苦云何問言有何愁
苦是諸親眷便共報言汝今不須自生憂
怖種種悲惱如向所見皆是夢中妄想分別
無有真實汝乃未曾離於本處乃至亦無
一念增損當自安慰勿生驚懼是人聞已方
便醒覺咸悟本心了彼夢中都無真實乃

圖書在版編目（CIP）數據

中國國家圖書館藏敦煌文獻．第二一册／中國國家圖書館編．—北京：國家圖書館出版社，2023.12

ISBN 978-7-5013-7896-8

Ⅰ．①中… Ⅱ．①中… Ⅲ．①敦煌學—文獻 Ⅳ．① K870.6

中國國家版本館 CIP 數據核字（2023）第 217504 號

書　　名　中國國家圖書館藏敦煌文獻・第二一册
著　　者　中國國家圖書館　編
項目統籌　魏　崇　殷夢霞
責任編輯　黄　鑫　程魯潔　潘　竹　苗文葉
責任校對　劉　倩　王　衡

出版發行　國家圖書館出版社（北京市西城區文津街 7 號　100034）
（原書目文獻出版社　北京圖書館出版社）
010-66114536　63802249　nlcpress@nlc.cn（郵購）
網　　址　http://www. nlcpress. com
排版印裝　天津裕同印刷有限公司
版次印次　2023 年 12 月第 1 版　2023 年 12 月第 1 次印刷

開　　本　787 × 1092　1/8
印　　張　40.5
書　　號　ISBN 978-7-5013-7896-8
定　　價　2800.00 圓